iUMIUKY

CONOCE A TU GATO

MANUAL PARA CUIDAR Y ENTENDER MEJOR A TU AMIGO FELINO

HarperCollins

1.ª edición: septiembre 2021
2.ª edición: octubre 2021

Editado por HarperCollins Ibérica, S. A.
Núñez de Balboa, 56
28001 Madrid

Redacción y documentación: Ángel Montes
Diseño de cubierta: Raquel Cañas con imágenes de 123RF - Ayutaka
Diseño de interiores y maquetación: Raquel Cañas con imágenes de 123RF - Ayutaka

ISBN: 978-84-9139-652-9
Depósito legal: M-12083-2021

ÍNDICE

INTRODUCCIÓN

«¿IUMUIKY? Sé lo que es, pero ahora no caigo ¿no es una marca de ropa que patrocina a un tenista suizo? Ah, no, ya sé, es un aperitivo japonés en forma de judía verde». Esto es parte de una conversación que tuve hace tiempo, con una persona a la que pregunté si sabía lo que era IUMIUKY. Lógicamente, no acertaba a dar con su significado, pero le sonaba bien, creía haber oído antes esa palabra, le resultaba familiar.

He dicho «lógicamente» porque es imposible saber el significado de la palabra IUMIUKY ya que es inventada. IUMIUKY viene de la conjunción de tres palabras: Iu, Miu y Ky. Te cuento su historia: en la cultura del antiguo Egipto, el de las esfinges, los faraones y las pirámides, todos los animales eran considerados seres con divinidad, si bien, de entre todos, solo había tres especies de los que ahora consideramos de compañía o de convivencia en el hogar. El primero era el perro que, en su idioma, era el «IU» y representaba el fiel compañero, principalmente entre las clases sociales más altas. El segundo, el más importante y al que mayor divinidad se le atribuía, era el gato o «MIU»; el guardián de los campos de cultivo, ya que mantenía alejados a ratones, topillos y demás roedores. El tercero era el mono o «KY», y su rol principal era el de la diversión, la curiosidad y el entretenimiento. De la unión de esas tres palabras y de esos tres tipos de animales, únicos en su convivencia en el hogar, nace nuestro nombre: IU-MIU-KY.

Pero IUMIUKY es mucho más que una marca o un título. Es un concepto y una forma de vivir, de sentir y de relacionarnos con los animales de compañía, siempre basado en el respeto, en su bienestar y en el trato como a un miembro más de la familia.

IUMIUKY nace como un programa de televisión, que se consume de forma rápida y directa como los videos de Internet, y que se estructura como una revista. ¿Confundido? Te explico: un grupo de expertos colaboradores de distintos ámbitos comparten sus conocimientos, experiencia, trucos y consejos para ayudarnos a mejorar el vínculo y la convivencia con nuestros animales de compañía.

En IUMIUKY encontraréis consejos y recomendaciones de educadores y de prestigiosos veterinarios que os acercarán las últimas novedades y la actualidad de cada momento; fisioterapeutas que os enseñarán cómo dar un placentero masaje o cómo realizar correctos ejercicios en piscina; divertidas peluqueras con las que aprenderás a cortar uñas, limpiar oídos o bañar cachorros; expertos en deporte con los que prepararse antes, durante y después del ejercicio; y, por supuesto, excelentes adiestradores que dan lo mejor de sí para conseguir sacar lo mejor de nuestros queridos animales.

Ahora, por primera vez, salimos de la tele y nos adentramos en el maravilloso mundo de los libros. El libro que tienes en las manos y que estás a punto de empezar te hablará sobre los gatos, una enigmática especie que ha sufrido prejuicios de todo tipo a lo largo de su existencia. Y es que la historia de los gatos no ha sido fácil. Sin lugar a dudas, es el animal que más opiniones polarizadas ha recibido a lo largo de la historia de la humanidad. Se puede decir que su devenir está lleno de luces y sombras, de destellos y oscuridades, una auténtica montaña rusa en la que ha llegado a ser considerado como un dios y, al tiempo, como una proyección demoniaca.

Está considerado el animal de los artistas por excelencia, ya que personalidades tan diversas como el pintor Salvador Dalí, el escritor Ernest Hemingway, el escultor Fernando Botero o el polifacético Andy Warhol declararon su pasión y admiración por sus gatos, e incluso se inspiraron en ellos para realizar algunas de sus obras más famosas.

Tal vez sea su aire misterioso y esa actitud de superioridad, de estar por encima de todo y de todos, lo que le hace ser amado y odiado al mismo tiempo. O quizás sea temor, ese recelo humano hacia lo que no se somete, hacia lo incontrolable, porque todos sabemos que a los gatos no los dominamos, más bien al contrario: por mucho que los llamemos solo vendrán si ellos quieren, y solo si ellos quieren dejarán que disfrutemos acariciándolos. Como bien dijo el poeta y dramaturgo francés Victor Hugo, allá por mitad del siglo xix: «Dios hizo al gato para ofrecer al hombre el placer de acariciar a un tigre» y es que en el fondo y por mucho miedo que nos dé ¿a quién no le apetece acariciar a un tigre?

Todos los que hemos participado en este libro deseamos que te guste, te entretenga y te enseñe cosas que hasta ahora desconocías sobre tan asombrosa y enigmática especie. Que lo disfrutes.

Carlos de Juana
Director de IUMIUKY

UNO MÁS DE LA FAMILIA

CÓMO ELEGIR A
NUESTRO GATO

Se dice que los amigos son la familia que uno elige, por eso no debemos tomar a la ligera la decisión de compartir nuestra vida con un animal. Convivir con un gato va a reportarnos infinidad de alegrías, experiencias y momentos felices, pero también va a exigirnos paciencia, comprensión y una importante responsabilidad en lo referente a su cuidado y salud. Por eso es importante tomarnos el tiempo que sea preciso para pensar qué buscamos en un gato, cuáles son las cualidades que tenemos en mente cuando valoramos tener uno en casa; en resumen, ¿cómo sería nuestro gato ideal? (Tranquilos, no hay *spoiler*: seguro que de un modo u otro ese gato nos acabará sorprendiendo).

Existen diversas consideraciones a tener en cuenta, la suma de las cuales perfilará al nuevo integrante de la familia. Pero, ojo, lo perfilará muy a grandes rasgos, porque no debemos olvidar que por más que elijamos la raza, la edad o el sexo de nuestro gato, este seguirá siendo un individuo único y fascinante, diferente a cualquier otro, dispuesto a crecer y aprender a nuestro lado, por lo que nuestra propia experiencia y dedicación jugará también un papel determinante en cómo será nuestro amigo tras convivir en nuestro hogar.

Esa suma de factores biológicos y ambientales, combinada con factores del entorno como las experiencias pasadas y aprendizajes futuros, determinarán pues el carácter y personalidad del animal. Así que empecemos por observar lo que sí podemos elegir.

¿POR QUÉ COMPARTIR NUESTRA VIDA CON UN GATO?

Es importante decidir qué gato queremos y proveernos de todo el equipo necesario para su cuidado y felicidad, pero hay una cuestión previa más importante: ¿estamos seguros de que queremos un gato? Puede que alguien albergue aún dudas, y para ayudarle a decidir, aquí hay un buen puñado de razones.

COMPAÑÍA ASEGURADA

Sabemos que los gatos son independientes y van a su aire, es decir, como nosotros. No podemos forzarlos a darnos cariño cuando se nos antoje, pero si los educamos correctamente y les hacemos sentir apreciados, no nos faltarán mimos y ronroneos por su parte, sobre todo, cuando más los necesitemos.

SIN PROBLEMAS DE HORARIOS

A diferencia de otros animales de compañía, el gato se adapta sin complicaciones a nuestro estilo de vida, sin problemas de que pasemos todo un día fuera o incluso un fin de semana. Eso sí, recordemos que deberemos compensarle con una ración extra de juegos y mimos cuando regresemos.

RÁPIDO APRENDIZAJE

La educación del gato no es demasiado complicada, porque son animales realmente inteligentes. Si empleamos el refuerzo positivo no tardarán en aprender qué conductas deben mantener para ganarse su golosina o un rato de juego y cuáles evitar para no ser privados de ellos.

SABEN CUIDAR DE SÍ MISMOS

En situaciones complicadas para nosotros, solo deberemos asegurarnos de que tengan comida, agua y algunos juguetes para entretenerse, porque por lo demás, los gatos se las arreglan bastante bien por su cuenta. No obstante, recordemos que en cuanto sea posible debemos volver a pasar tiempo con ellos cepillándolos, jugando y acariciándolos para reforzar nuestro vínculo.

RELAJANTE NATURAL

Después de un duro día de trabajo o de un intenso fin de semana de diversión, pocas cosas resultan tan relajantes como tener a nuestro gato acurrucado sobre nosotros, acariciándolo y sintiendo su ronroneo. Es una experiencia muy placentera que tiene verdaderos efectos positivos para nosotros.

MEJORAR NUESTRA VIDA

Adoptar un animal de compañía nos convierte en responsables de un ser vivo. Tendremos que cumplir con ciertas rutinas a la hora de alimentarlo, limpiar su arenero, cepillarlo, jugar con él... Todo eso, aunque no nos demos cuenta, nos estará obligando a actuar de manera responsable, algo que advertiremos como una terapia especialmente positiva en el caso de los niños. Además, al compartir nuestra vida con un gato y estrechar lazos con él, seremos más conscientes de la belleza y vulnerabilidad de los animales, tomando conciencia de los muchos problemas que les afectan y que requieren de nuestra solidaridad.

LA RAZA

En el último bloque del libro ya hablaremos a fondo de las razas y de dos factores determinantes de estas, el pelo y el carácter, pero por ahora apuntaremos que hay razas de aspecto muy atractivo y elegante cuyo pelaje nos va a exigir muchos cuidados, ¿estamos dispuestos a asumir esa responsabilidad o nos gustaría un animal más independiente? Por otro lado, hay razas especialmente mansas y cariñosas, hasta el punto de ser apodadas «gato-perros», ¿preferimos algo así o un gato en estado puro que ande brincando de un mueble a otro y nos divierta con sus actitudes de cazador?

Claro que también podemos decantarnos por un minino mestizo, es decir, sin raza. Estos suelen ser más longevos y menos problemáticos, ya que tienen menos predisposición a padecer ciertas enfermedades hereditarias. Además, en este caso sí que hablamos de individuos únicos, con sus propios rasgos y personalidad.

LOS ANTECEDENTES

Si el gato elegido no llega a nuestras manos directamente de una camada —tras las necesarias semanas iniciales junto a su madre y hermanos—, sino que ha estado conviviendo con otras personas, ya sea en un hogar o en una protectora, es importante saber cómo ha sido su vida hasta entonces: ¿ha sufrido algún accidente, malos tratos, algún miedo específico, problemas de adaptación? Una experiencia traumática puede condicionar el carácter del animal. Eso no significa en absoluto que no podamos adoptarlo, sino que tendremos que estar atentos a ciertas circunstancias y actitudes para poder trabajar con él —asesorados por un profesional— para ayudarle a superar esos problemas. De igual modo, es importante un examen médico detallado para determinar que no sufre ninguna enfermedad.

LA EDAD

Si hiciéramos una encuesta, seguro que saldría como elección mayoritaria la opción de adoptar un cachorro en lugar de un gato adulto; si tenemos niños en casa o nos gusta hacer vídeos para redes sociales, no cabría la menor duda. Es la etapa en la que mejor se adaptan a su entorno y aprenden de él; son entrañables, juguetones y es casi como tener otro bebé en el hogar. Sin embargo, la ternura que nos provocan nos hace pasar por alto las ventajas que también tienen los gatos adultos. Si queremos un animal de compañía activo, pero en su justa medida, que juegue, pero que no nos persiga para que juguemos, que no necesite aprender dónde y cómo usar el arenero, etc., el gato adulto es la opción ideal. Nos pedirá menos juego, pero más mimos. Por todo esto, en cierto modo, la edad del gato dependerá de nuestra propia etapa vital.

EL SEXO

Probablemente, junto con la edad, tal vez incluso más aún, el sexo del gato a adoptar es en muchas ocasiones la cuestión clave: ¿gato o gata? ¿Existen tantas diferencias? No demasiadas en realidad, pero sí bastante notables. Veámoslas.

Hay algo que marca la diferencia básica entre ambos sexos, y es el instinto maternal de las hembras. Eso las hace estar más apegadas al hogar ante la posibilidad de ser madres, mientras que ellos son más independientes, con una vida sexual más activa. ¿Qué implica esto? Que los gatos machos son más dados a escaparse para dar rienda suelta a su sentido de explorador, ya sea en busca de caza o de hembras en celo. A veces, esos «garbeos» pueden alcanzar grandes distancias, lo que dispara el peligro de que pueda perderse o tener algún accidente. En esas escapadas tampoco es extraño que pueda acabar enzarzado en peleas con otros machos, bien por conflictos territoriales o por conseguir una hembra. En estas situaciones, el mayor riesgo es el de contraer infecciones.

Por el contrario, las gatas suelen ser más cariñosas y hogareñas, son conscientes de que podrían ser madres en cualquier momento y necesitan un hogar seguro para sus futuras crías. Buscarán más la relación con nosotros, pero de igual modo llevarán regular que alteremos su entorno o sus hábitos, porque eso les generará inquietud ante la incertidumbre de lo que está ocurriendo.

¿Y qué hay del celo? En esta etapa, que suele darse entre primavera y verano, las gatas evidencian bastante ansiedad, se escapan, maúllan y pueden llegar a marcar con orina distintos puntos de la casa, alcanzando el problema mayor —a no ser que se desee— si llegan a quedarse embarazadas, con el consiguiente quebradero de cabeza que supone buscar hogar para la camada.

En conclusión, podemos decir que macho y hembra comparten un principal problema común para la convivencia en hogares: su activa y algo «escandalosa» vida sexual. ¿Cuál es la solución? Aunque hay personas en contra, la castración del gato o gata lo antes posible, previa al desarrollo de su vida sexual, es la mejor manera de asegurar no ya una convivencia tranquila y más «silenciosa», sino también una mayor seguridad para el animal, que evitará de este modo los muchos problemas que pueden presentarse en el deambular nocturno fuera de casa. Al reducirse el nivel de hormonas sexuales, el carácter de nuestro gato o gata se tornará más apacible e incluso cariñoso, reduciendo considerablemente —eliminando, de hecho— la necesidad de marcar con orina el territorio. En el caso de las gatas, además, la castración ayuda a evitar algunos problemas de salud como los quistes de ovario.

Vistas estas cuestiones, parece evidente que no existen demasiadas diferencias entre ellas y ellos, más allá de perfiles algo más cariñosos o juguetones. Al final, como ocurre con las personas, el gran secreto está en que cuanto más amor les demos, más nos querrán.

¿MEJOR DOS GATOS QUE UNO?

Por encima de la raza o del sexo, cuando alguien decide adoptar un gato esta suele ser la cuestión a la que le da más vueltas: ¿debería tener uno o dos? Los vídeos de gatitos jugando juntos resultan tan entrañables que no nos resulta difícil imaginar a dos pequeñines saltando por nuestro salón. Adorable, sin duda, porque dos gatos suponen ración doble de cariño y diversión, pero también significa doble responsabilidad, doble gasto, doble espacio... Así que no está mal que le dediquemos también el doble de tiempo a meditar esta decisión.

Muchos especialistas aseguran que lo mejor es que un gato conviva con otro igual, para tener así compañero de juego y no verse afectado por la soledad o el denominado síndrome de «hijo único» felino (que deriva en gatos perezosos o apáticos que apenas se mueven del sofá), otros advierten sobre las complicaciones que puede suponer esa convivencia si uno de los dos gatos no está debidamente socializado.

Desde luego, esté o no socializado el nuevo felino que llega a casa, o incluso siendo una cría, supondrá a priori una amenaza para el sentido de territorialidad del gato que ya vive con nosotros. En esos casos podremos observar reacciones que irán desde el miedo a los celos pasando por el enfado con nosotros por estar obligándole a compartir su espacio. Esas reacciones se traducirán en bufadas entre los dos animales, persecuciones, orines para marcar territorios, «reclusiones» en sus escondites e incluso huelga de hambre. Lo habitual es que este comportamiento vaya desapareciendo pasados unos días, a medida que los animales van aceptando la convivencia conjunta, pero, caso de no ocurrir así, deberemos recurrir a un profesional.

¿Hay manera de tener dos gatos de una forma menos... traumática? Desde luego. Para evitar ese tipo de conflictos lo ideal es decantarnos por dos cachorros, a ser posible hermanos (a diferencia de los perros, los gatos sí muestran una mejor relación con familiares). De este modo, al estar habituados a vivir juntos desde sus primeros días, entre estos gatos no se darán conflictos territoriales ni celos. Si en algún momento llega un tercer animal a casa, ya estarán acostumbrados a compartir su espacio, por lo que *a priori* la adaptación no debería ser demasiado compleja.

Tener dos gatos en casa en lugar de uno comporta diversas ventajas tanto para el animal como para nosotros, pero también supone, como apuntábamos al principio, requisitos especiales. Si algo ha demostrado la experiencia es que supone un error hacer que compartan comedero, bebedero y arenero. Cada uno debe tener su propio espacio para poder controlarlo, porque lo contrario puede derivar en situaciones de estrés y rechazo. ¿Tiene nuestro hogar las dimensiones necesarias para que cada gato disponga de su propio espacio? Si es así, adelante. Preparemos la cámara de fotos y a disfrutar del festival de juegos y piruetas.

PREPARAR
EL HOGAR

Ya hemos elegido a nuestro gato. Sabemos de dónde viene, sabemos que está sano y estamos deseando verlo brincar por la casa. Pero antes, está ese detalle crucial: hay que preparar el hogar para recibirle. En este sentido es fundamental ser conscientes de que, para cualquier gato, llegar a una casa nueva, un lugar completamente desconocido para él, supone una verdadera y angustiosa aventura cargada de nuevos estímulos. Con mucha probabilidad le asustará, porque desde su perspectiva, los peligros pueden acechar desde cualquier parte. Para evitar la angustia y el estrés, debemos empezar por asegurarle un entorno tranquilo y hacer que realmente lo perciba así.

Debemos proporcionarle un espacio seguro —una habitación a ser posible— del que saldrá cuando considere que no hay riesgos a su alrededor. Esto puede ser cuestión de horas o de días, según la experiencia previa del animal. Si en ese espacio podemos tener algún juguete, manta o similar que el gato haya tenido en su hogar anterior, mucho mejor. Para reforzar ese ambiente de seguridad también podemos recurrir a difusores de feromonas (copia sintética de ellas), que ayudan a transmitir sensaciones de felicidad y tranquilidad a nuestros amigos, y suele ofrecer excelentes resultados en los primeros días de adaptación del animal a la nueva familia.

LA SEGURIDAD, ANTE TODO

Tal vez nuestro primer impulso sea lanzarnos a comprar todas las cosas que sabemos que necesitará: arenero, rascador, cuencos para la comida y el agua... Desde luego que son importantes, hablaremos de todo eso, pero pensemos algo: imaginemos que queremos saltar en paracaídas, sumergirnos bajo el mar o vivir la aventura de entrar en una casa abandonada (con su correspondiente fantasma). ¿Nos preocuparemos antes del estilo de nuestra ropa y de la marca de nuestras botas o de nuestra seguridad? Pues eso piensa nuestro gato.

Para empezar, debemos de ser conscientes de la altura a la que vivimos. El síndrome del gato paracaidista ha sido enunciado por una razón: ocurre. Los gatos suelen perder el equilibrio al pasearse por el alféizar de la ventana y pueden llegar a saltar al calcular mal la altura. Por eso es importante cubrir las ventanas con mosquiteras, y más aún las terrazas (si vivimos a una altura considerable), y, en cualquier caso, controlar al principio cómo es su relación con estos espacios peligrosos.

Pese a los riesgos, a los gatos les encanta trepar y moverse por las alturas, pero no hay peligro en casa, dado que, aunque le veamos pequeñajo junto a un mueble de metro y medio, nuestro gato se las apañará sin problemas para saltar sano y salvo. Los que ya no gozarán de tantas habilidades del hogar son los cachivaches que podrían arrastrar en su salto, así que ojo con dejar muchos adornos en su camino.

En el caso de las plantas, el daño puede ser recíproco. A no ser que adviertan un peligro evidente, nuestro gato se verá tentado a oler y mordisquear las plantas que tenga a su alcance, por eso es muy importante saber si pueden ser tóxicas para él. En ese caso, bastaría con dejarlas fuera de su alcance. Pero ojo con el resto, porque algún gato despistado puede decidir que la arena de nuestro geranio es su cuarto de baño ideal.

Por lo demás, simplemente pensemos que un gato no dista mucho de un niño pequeño en lo que se refiere a las precauciones. Si el refrán dice que la curiosidad mató al gato, por algo será: les encanta explorar, olisquear y comprobar qué es ese objeto o producto con el que hasta ahora no se habían cruzado. El problema es que puedan toquetear un enchufe en mal estado, oler algo tóxico o mancharse con ese producto el pelaje y luego traten de limpiarse a lametazos. Esto implica que debemos revisar bien cada habitación y comprobar que no hay elementos o instalaciones que puedan conllevar riesgos.

Finalmente, atención a los lugares más insospechados. No sería la primera vez que ha sido necesario detener de urgencia el ciclo de la lavadora porque el gato de la familia no aparecía por ninguna parte. Les encanta acomodarse en rincones oscuros, allí donde nadie los ve, pero desde donde pueden escucharnos; es parte de su impulso cazador. Pero en ningún caso querríamos que se convirtieran en el cazador cazado, ¿verdad?

EQUIPAMIENTO BÁSICO PARA NUESTRO GATO

En varios apartados de este capítulo hemos hecho mención a una serie de cosas imprescindibles que deberemos tener preparadas cuando nuestro gato llegue a casa por primera vez. Estos objetos van desde los necesarios para su alimentación e higiene hasta los que requiere para descansar y jugar, actividad esta última que ya sabemos que resulta fundamental para nuestro amigo.

TRANSPORTÍN PARA VIAJES

Puede que haya cosas más importantes, pero esta va a ser la primera que necesitaremos para llevar a casa al nuevo miembro de la familia. Al margen de que vayamos a mover poco a nuestro gato, que ya sabemos que no son demasiado viajeros, también necesitaremos el transportín para llevarlo al veterinario a ponerle las vacunas y hacer las revisiones correspondientes. ¿Cómo escogerlo? Los hay de plástico y de tela, y el tamaño de nuestro gato será la mejor guía para la elección.

COMEDERO Y BEBEDERO

Los encontraremos de todos los tipos, colores y formas, esencialmente de cerámica, acero y plástico. Hay quien mantiene que debemos evitar estos últimos y decantarnos por los de cerámica, por nuestra parte solo diremos que es más importante atender a que sean fáciles de limpiar, sobre todo en el caso del recipiente para el agua, de modo que nuestro gato la encuentre siempre limpia y fresca (deberemos cambiarla al menos un par de veces al día). También tenemos a nuestro alcance comederos con dispensador automático y bebederos tipo fuente. Si queremos que conserve la línea, podemos recurrir a juguetes dispensadores que le obligan a «trabajarse» la comida.

ARENERO Y PALA

Más nos vale poner a su disposición el arenero y la arena adecuados si no queremos encontrarnos sorpresas por la casa. Aunque esencialmente se trata de una bandeja donde el animal hace sus necesidades, encontraremos también diversos modelos en el mercado. Algunos son cubiertos, la elección habitual para quien quiere evitar ver y oler las deposiciones de su gato. Pero cuidado, porque al animal a lo mejor no le gusta tener que atravesar la puerta o esta le molesta; una opción es quitarla. Con la pala retiraremos las deposiciones y removeremos la arena, intentando mantener la bandeja siempre limpia para que Don Pulcro no tenga quejas. ¿Dónde ubicarla? Mejor en un sitio tranquilo y con poco movimiento (por ejemplo, el baño), pues como cualquiera de nosotros, también ellos exigen un poco de intimidad para estos menesteres.

RASCADOR

Si les tenemos cierto aprecio a nuestros muebles ya

podemos escoger un buen rascador que seduzca a nuestro gato para que decida afilarse las uñas en él. Los encontraremos desde los más básicos hasta verdaderas filigranas de varias alturas. Algunos incluyen camas, huecos para esconderse y juguetes. Estos últimos suelen ser los mejores porque el gato tendrá un aliciente adicional para acercarse al rascador, y en el transcurso del juego acabará trabajando las garras.

CAMA

Ya comprobaremos que un gato se apaña para descansar en cualquier rincón que encuentre cómodo y tranquilo, pero no está de más tenerle preparado un lugar de descanso de referencia. En el caso de las camas, el catálogo de tamaños y formas es más que extenso, así que lo mejor será pensar primero dónde la ubicaremos, para poder así elegir el modelo más apropiado. Lo ideal es que esté en la habitación donde vayamos a pasar más tiempo (como el salón), y a ser posible cerca de la ventana o el radiador, que harán que resulte más cálido. Y ya que estamos, recomendaremos también una o dos mantas agradables y fáciles de lavar: nos servirán tanto para reforzar la cama como proteger el sofá y, llegado el caso de tener que sacarlo a la calle, ayudará a que no recele tanto del transportín al ponerla como base del mismo.

ASEO

Sabemos que el gato es un animal pulcro y limpio que se pasa parte del día dejándose bien guapo, pero le gustará que le echemos una mano, lo que además nos servirá para reforzar los lazos con él. Por eso está bien que nos hagamos con un buen cepillo (les encanta el proceso, es un masaje de lo más placentero para ellos), un cortaúñas (si queremos prevenir arañazos en nuestras manos y nuestro sofá), champú (si se deja bañar), e incluso podemos disponer de un pequeño botiquín para posibles incidentes con una provisión básica: gasas, pinzas, termómetro...

JUGUETES

Nunca son suficientes, aunque al final, como los niños, acaben jugando más con la caja. La variedad y complejidad es inmensa, con algunos tecnológicos realmente sorprendentes, pero nuestro consejo es que recurramos a los más básicos, como la «caña de pescar» con unas plumas o un ratón de peluche en el extremo. Este tipo de juguetes sin pilas nos obligará a implicarnos y formar parte de la sesión de juegos, algo verdaderamente importante para nuestro gato. Por elaborados que sean los diseños, podremos comprobar que nuestro amigo se aburrirá rápidamente de cualquier juguete si nosotros no lo compartimos con él.

UNA CASA ENRIQUECIDA

Igual que en el mundo audiovisual se habla de realidad aumentada, en el caso de los gatos un ambiente enriquecido hace referencia a todo tipo de estímulos, ya sean visuales u olfativos, que ayuden a que el animal se divierta y le estimule tanto física como mentalmente, ofreciéndole así una buena calidad de vida y alejando la posibilidad de que nuestro felino engorde o se aburra.

Ya hemos visto la equipación básica que vamos a necesitar para que a nuestro gato no le falte todo lo necesario para comer, beber, hacer sus necesidades, mantenerse limpio y aseado, etc. Pero aquí vamos un paso más allá. ¿Y qué necesitamos para «enriquecer» nuestra casa? Tomad nota: rascadores con diferentes alturas, juguetes dispensadores de comida y de habilidad, pasarelas, estantes, cajas... Pero que no cunda el pánico, porque no será necesario dejarnos un gran presupuesto en todo esto si no lo deseamos: podremos comprar todas estas cosas o también apañarlas con una sesión de manualidades con lo que tengamos a mano por casa.

Sabemos que a los gatos les encanta esconderse o acomodarse en lugares cerrados. Existen en el mercado camas tipo iglú o incluso rascadores con forma de casa, pero una mera caja de cartón también los volverá locos, o un cajón que vaciemos para mostrarle que puede meterse en él (pero cuidado que no se equivoque de cajón y nos llevemos una sorpresa cuando vayamos a coger nuestros calcetines negros favoritos).

¿Y qué hay de las alturas? Ya hemos dicho que les gusta mirar el mundo desde arriba. Para evitar —o intentarlo al menos— que tengan la tentación de pasearse por muebles donde no queremos que enreden, podemos recurrir a rascadores de distintas alturas o incluso baldas de estantería que podemos ubicar en la pared creando una escalera o incluso un pequeño circuito en lo alto.

Pero no olvidemos, ante todo, que a los gatos no les gusta jugar solos, necesitan socializar y ejercitarse; relacionarse con nosotros es fundamental para su felicidad. Por eso, por más equipamiento que pongamos a su disposición, es importante que dediquemos un rato cada día a hacerlos saltar y brincar a nuestro alrededor. Una simple cuerda o el cordón de una zapatilla colgando de nuestra mano nos bastará para hacerlo feliz.

3
SOCIALIZACIÓN

Cuando un gato llega a casa, ya sea un bebé o un adulto adoptado, suele preocupar enseñarle cuanto antes dónde debe hacer sus necesidades, cómo evitar que arañe el sofá o cómo conseguir que acuda cuando se le llama. Todo eso está bien, también vamos a hablar de ello, es parte de la educación del animal. Pero más importante que la educación resulta la socialización, porque sin esta no puede haber aquella. Pensemos en el personaje literario de Tarzán: cuando lo llevaron a la civilización desde la selva, antes de enseñarle a escribir o a emplear los cubiertos adecuados para cada plato debió aprender a hablar, a vestirse, a saludar; en definitiva, a relacionarse.

De igual modo, la socialización es un proceso esencial en la vida de todo gato en el que aprende a relacionarse no solo con las personas, sino también con otros animales y con su propio entorno. En esencia, consiste en desarrollar la confianza del animal para que acepte con normalidad la relación con los seres humanos y otros animales, sin advertirlos como una amenaza. Por esa razón, un gato que no disfruta de un adecuado proceso de socialización terminará evidenciando problemas de comportamiento y convivencia, siendo especialmente receloso e incluso agresivo.

Como la lógica nos indica, lo ideal es socializar un gato cuando aún es un cachorro, pero eso no significa que el proceso no pueda llevarse a cabo por igual con un animal adulto, aunque requerirá más paciencia y dedicación. En el caso de un cachorro, la socialización natural suele ocupar la etapa entre la segunda y la séptima semana de vida —tiempo conocido como «periodo sensible de socialización»—, que es cuando el pequeño comienza a reconocer a otros seres y a interactuar con ellos. ¿Cómo llevar a cabo el proceso? Pues es también una cuestión de sentido común: si queremos que se acostumbre a nosotros y no nos tenga miedo, deberemos acariciarle, hablarle y jugar con él. Todo poco a poco, eso sí, despacio y sin llegar en ningún caso a agobiar al cachorro. El objetivo es crear un vínculo con nuestro gato y transmitirle la sensación agradable y positiva de que no solo no suponemos un peligro, sino que puede esperar de nosotros momentos agradables. Cuando tras acariciarle observemos que comienza a lamernos la mano, podemos sonreír satisfechos —lo haremos, seguro—, porque eso significará que hemos conseguido que se sienta parte de la familia.

Si queremos que no solo sea cariñoso con nosotros sino también con nuestras visitas, será bueno que de vez en cuando pidamos a amigos o familiares que vengan a casa y lleven a cabo una aproximación similar. Puede que en esos casos el minino busque nuestra protección, entonces deberemos recuperar la calma y el cuidado para, poco a poco, demostrarle que esas nuevas manos que le acarician no van a hacerle ningún daño. Pero ojo, recordémoslo: siempre sin forzar la situación ni hacer que pueda sentirse atrapado o forzado. Voces suaves, caricias o golosinas como refuerzos positivos obrarán maravillas en un proceso de socialización del que veremos los resultados antes de lo que imaginemos.

EL SEÑOR GATO

¿Qué ocurre si adoptamos un gato adulto o incluso recogemos a un gato callejero? Pensemos que en estos casos el animal ya ha pasado por ese «periodo sensible de socialización» y desconocemos cómo ha sido la experiencia. En la socialización del animal no solo influyen las experiencias que haya tenido durante ese periodo, también afectan otros factores, algunos de ellos realmente sorprendentes.

La alimentación de la madre durante la gestación y la lactancia, por ejemplo, resulta crucial en este asunto, pues está demostrado que una mala alimentación en esos días se traduce en unas crías timoratas, con tendencia a la agresividad y escasa capacidad de aprendizaje. También aseguran que influye la actitud del padre: un progenitor tranquilo y cariñoso hará que sus crías sean más dóciles.

PACIENCIA Y CARIÑO

Pero ¿cómo saber cómo ha sido el proceso de socialización del animal en esas primeras semanas de vida cuando adoptamos un gato que tiene ya uno o dos años? Desde luego es imposible saberlo, pero sí que podemos atender a algunos detalles. Si cuando visitamos la protectora alguno de los gatos se nos acerca, tranquilo y curioso, *a priori* es indicio de ser un animal que no tiene miedo de los seres humanos, y muy probablemente habrá sido socializado entre ellos. Es un buen primer paso. Más tarde vendrán otros como la adaptación al nuevo hogar, pero empezamos por una buena base en la relación.

Pongámonos ahora en el caso opuesto. El gato que hemos adoptado o que hemos recogido de la calle se muestra receloso a acercarse y estar con nosotros, a veces a pesar de su carácter dócil y en ocasiones, incluso, dando muestras de agresividad cuando tratamos de acercarnos (justamente por ese miedo que nos tiene, que le hace sentirse amenazado). En ese caso, debemos empezar por hacer que sienta nuestra presencia de manera constante y muy tranquila, para que vaya comprobando poco a poco que no suponemos ninguna amenaza. Esa «presencia constante» supone, simplemente, estar ahí; nada de caricias o intentos de jugar con él, al menos al principio, porque estos actos pueden ser interpretados como gestos de peligro.

APRENDE A ACARICIAR A TU GATO

Ya hemos insistido en que el gato es solitario e independiente a grandes rasgos, pero solo a grandes rasgos, porque a pocos animales les chifla más una sesión de mimos y caricias. Eso sí, ya lo hemos apuntado por aquí: siempre según sus reglas. Porque si nos pasamos de cariñosos o lo perseguimos cuando no le apetece, podemos terminar consiguiendo que nos evite.

Así que, si queremos llevarnos bien, más nos vale estar pendientes a las señales, a ese lenguaje corporal de nuestro amigo que nos indica que está receptivo a recibir nuestras caricias (cuerpo relajado, cola y cabeza levantadas, orejas erguidas...). Y un buen principio es dejar que él dé el primer paso, que se acerque, se frote y nos «pida» de este modo que empecemos la sesión. Cuando haya tenido suficiente nos lo hará saber, y deberemos aceptarlo y no insistir.

¿Y cómo lo acariciamos? Para empezar, nunca a contrapelo, siempre a favor. Caricias suaves que recorran todo el cuerpo y recordando que no es un perro ni un caballo, así que nada de palmadas o similares. El comienzo de las caricias debe ser cuidadoso si queremos que decida quedarse un rato con nosotros.

Cuando comprobemos que está a gusto podemos pasar a la cabeza, masajeando con la punta de los dedos la parte superior de la misma y la nuca. Si nos considera de su círculo más íntimo nos permitirá rascarle las mejillas y la barbilla, y podremos observar en su cara la más genuina expresión de placer.

Podemos alternar esas zonas con los costados o la parte media del lomo, pero, cuidado: barriga, patas y cola están vetadas. Si las tocamos es posible que tenga pequeñas reacciones, sutiles *a priori*, para hacernos saber que no le ha gustado nuestro último movimiento. Así que, simplemente, volveremos a las zonas placenteras. Cuidado con insistir donde no debemos, porque además de algún bufido podríamos ganarnos un —merecido— zarpazo o mordisco.

En poco tiempo habremos aprendido cuáles son los puntos más sensibles de nuestro gato, y eso nos permitirá disfrutar de momentos de máxima relajación para los dos con estos agradables ratos de caricias y masajes. Algunos gatos llegan a relajarse tanto que puede ser para ellos la mejor terapia para quedarse dormidos.

Pero el animal no es el único beneficiado con estos momentos compartidos. Además del cariño que nos transmitirá, varios estudios mantienen que acariciar un gato de manera habitual afecta positivamente a la salud de las personas (dicen que incluso reduce el riesgo de problemas cardiacos). También disminuye la ansiedad, refuerza el estado de ánimo e inspira una mejor comunicación con nuestros iguales. Tantos beneficios por algo tan bonito como unas simples caricias...

Sabremos que se ha acostumbrado a nuestra presencia cuando comience a dejarse ver, cuando se acercarse de vez en cuando, incluso a frotarse contra nosotros. Entonces es cuando podremos comenzar con lo que se denomina «condicionamiento operante de refuerzo positivo», es decir, pequeños premios ante gestos que queremos potenciar. Por ejemplo, si se frota contra nuestra pierna, le ofrecemos una chuchería. Así, poco a poco, terminará por comprender que actitudes cariñosas por su parte le depararán respuestas agradables por la nuestra. Así que no hay más herramientas que la paciencia, la observación y mucho cariño. En caso de persistir en su actitud esquiva o, peor aún, agresiva, deberemos consultar con un especialista

¿QUÉ HAY DE OTROS ANIMALES?

Aunque en nuestra casa no haya más animales, la socialización de un gato no está completa si no incluye la relación con otros animales. Pero tranquilos, porque lo que sería en este sentido la socialización «de serie» la habrá hecho ya el gatito en sus primeras semanas con su madre y sus hermanos. De este modo ya tendrá experiencia en lo que se refiere al olor, los maullidos y los juegos con otros gatos, por eso es crucial no separar nunca a un gato de su círculo familiar antes de, al menos, su tercera semana de vida.

Pero, aunque ya tenga esa experiencia, si tenemos otro gato en casa el acercamiento entre ambos no debe realizarse a la ligera. Recordemos que estamos tratando con animales muy territoriales, celosos por tanto de su espacio: la nueva circunstancia hará que el viejo «inquilino» del hogar se sienta amenazado y que el nuevo, consciente de estar en territorio de otro, tema un posible ataque.

Empezaremos por separar los espacios, de modo que cada uno sienta que mantiene el control y la independencia. Por supuesto, necesitarán comederos, bebederos, areneros y rascadores independientes. Los iremos presentando poco a poco, dejando ante todo que se huelan, se escuchen, se sientan, y comprobando progresivamente que no suponen una amenaza. Con paciencia y atención, los tendremos jugando y saltando juntos en pocos días.

¿Y si el animal de compañía que ya se mueve por casa es un perro? Actuaremos exactamente igual, presentándolos sin prisa, preservando los espacios de cada uno, y cuidando sobre todo de que las reacciones del perro no asusten al nuevo miembro de la familia, no porque lo ataque con mala intención, sino porque a veces, en su deseo de jugar o ser cariñosos, pueden llegar a asustar al gato receloso.

El proceso de las presentaciones nos lo podremos ahorrar si nuestro gato va a convivir con peces, pájaros, reptiles o cualquier otro animal. En esos casos bastará con evitar que se acerque a ellos, para lo que tendremos que estar muy pendientes y corregir su actitud —por ejemplo, con un «disparo» de agua disuasorio— si vemos que muestra demasiado interés por acercarse a jaulas y peceras.

EDUCACIÓN

Como hemos visto, la educación de nuestro gato va unida a su socialización. Le enseñamos a estar con nosotros, a interactuar, a jugar, a ofrecer gestos de cariño. Al contrario de la creencia generalizada, el carácter independiente de los gatos no significa en absoluto que no puedan o no necesiten ser educados.

Como en el caso anterior, y al igual que ocurre con los seres humanos, lo ideal es comenzar la educación del gato cuando aún es un cachorro, en sus primeras semanas, alentándole a comportamientos positivos y corrigiendo las conductas incorrectas. No se trata solo de que aprendan que no deben mordisquear las plantas o arañar el sofá, también debemos canalizar su naturaleza juguetona para que disfrutemos con él de su activo temperamento y en ningún caso nos suponga un disgusto.

Los primeros pasos para esa educación de nuestro gato comienzan con su llegada a casa, cuando le mostraremos dónde está todo su «mobiliario»: la cama, el arenero, el comedero y bebedero... Ahí nos daremos cuenta de lo inteligente que es, porque no tendremos que hacer mucho más que llevarlo hasta cada uno de estos rincones; por puro instinto, sabrá qué hacer en cada caso.

Pero cabe la posibilidad de que por comodidad o porque resulte especialmente agradable, nuestro gato se encariñe más de la cuenta con el sofá o con algún otro mueble y decida afilarse las uñas con él. En esos casos, siempre con suavidad y paciencia, lo llevaremos al rascador, le mostraremos cómo puede pasar sus patas por él, y premiaremos esa acción con alguna caricia o golosinas. Igual puede ocurrir con el arenero en el caso de los gatos más pequeños, así que los acompañaremos hasta él después de verlos comer o al despertar, y allí les premiaremos, para que adviertan que su uso es algo positivo.

Por otro lado, ya hemos hablado de lo importante que es el juego para mantener su salud física y emocional. En este caso, nuestro gatito, por puro instinto, jugará a «cazar». Podemos jugar con él lanzándoles pelotas, sonajeros con plumas, ratones de trapo... Deben ser, en cualquier caso, objetos pequeños que pueda atrapar con las zarpas y la boca, porque es probable que nos lo quiera devolver —como una presa en ofrenda— para que sigamos jugando con él. Este tipo de juegos con nuestro gato debe ser habitual, un rato cada día. De este modo estimularemos esa actitud activa y cariñosa y evitaremos que caiga en la desidia, dado que, por muchos juguetes que le compremos, pronto se aburrirá de ellos si no compartimos con él esos momentos de diversión.

En cuanto a los arañazos y mordiscos no al mobiliario sino a nosotros, es algo que podremos corregir sin demasiada dificultad. Al principio, hasta las tres o cuatro semanas del gatito, dejaremos que desarrollen esas respuestas innatas, dado que forman parte de su propio proceso de relación con el entorno. A partir de entonces, cada vez que nos muerda o arañe, por ejemplo, durante el juego, retiraremos la mano con un pequeño grito y dejaremos de interactuar con él; quedarse sin compañero de juego será duro para nuestro gatito, así que aprenderá rápido que no le conviene arañarnos si quiere seguir disfrutando. Por el contrario, le premiaremos que muerda y arañe los peluches o juguetes que le hayamos preparado para tal fin.

CÓMO NO REGAÑAR A UN GATO

En este capítulo hemos recordado varias veces que la paciencia es fundamental a la hora de educar y convivir con cualquier animal, más aún en el caso de los gatos, que tienen una personalidad tan marcada. Es posible que en algún momento nos saquen de nuestras casillas —como nos ocurre con las personas—, pero en ningún caso debemos recurrir a medidas erróneas para reprenderlos o tratar de modificar su conducta. Sin duda hay que reaccionar, pero sabiendo cómo hacerlo, conservando la calma y no perdiendo nunca de vista que son un miembro más de la familia.

Para evitar que más tarde tengamos que arrepentirnos, repasemos cuáles son las reacciones que debemos evitar para tenerlas presentes:

AGRESIÓN VERBAL O FÍSICA

Por mucho que hayamos avanzado en la socialización y educación de nuestro gato, si recurrimos a gritos, voces rudas o castigos físicos, solo conseguiremos confundir a nuestro gato y hacer que nos asocie con experiencias traumáticas que, además, no servirán de nada, porque el animal no relacionará el castigo con la acción que lo ha motivado. De este modo romperemos el vínculo creado con nuestro gato, ya que comenzará a temernos. Recordemos que la mejor forma de evitar que haga algo que no nos gusta es emplear el refuerzo positivo para que haga lo que sí queremos. Así, en lugar de regañarle por afilarse las uñas en el sofá, vamos a cogerlo cuando lo pillemos, lo llevaremos hasta el rascador y le premiaremos por hacerlo allí.

ACTUAR TARDE

Lo acabamos de apuntar. Si vamos a regañar a nuestro gato, o más bien a dar una voz de aviso para que se retire de un mueble o deje en paz a una planta, debemos hacerlo en el momento en el que está llevando la acción. Si le abroncamos cuando descubrimos «el desastre», el animal no va a relacionar esa actitud agresiva y severa con la directriz «no subas aquí» o «no muerdas aquello». Lo único que obtendremos será aumentar la inseguridad que sienta hacia nosotros. Lo mejor, siempre, la combinación de paciencia y refuerzo positivo.

NO REPRIMIR SU NATURALEZA

Un gato necesita acechar y cazar —o jugar a cazar—, esconderse, olisquear, frotarse, saltar, correr, afilarse las uñas, comer y beber cuando sienta el impulso. Nosotros podemos intentar educarlo para que lleve a cabo esas acciones de la manera más adaptada posible a nuestro estilo y ritmo de vida, pero en ningún caso podemos intentar reprimirlas para eliminarlas de su comportamiento. Un gato tiene su naturaleza, maravillosamente salvaje, inscrita en su ADN, tratar de modificar esa conducta hasta el extremo —en algunos casos— de intentar eliminarlas solo conllevará graves consecuencias para la salud emocional del animal y para nuestra relación con él.

OBLIGARLE A OLER SU ORINA Y EXCREMENTO

Sí, puede que esto resulte bastante desagradable, pero hay gente que cree que es la mejor forma de hacer entender a su gato que no debe hacer sus necesidades fuera del arenero. Así que cuando encuentran restos en algún rincón de la casa, llevan hasta allí al animal, le obligan a acercar la cara y a continuación lo llevan hasta el arenero. Lo que para ellos —esos dueños— puede ser una relación causa-efecto totalmente lógica, para el gato solo es una situación de estrés incomprensible provocada por el «animal» en el que tenían depositada toda su confianza. De hecho, si un gato no usa correctamente su bandeja higiénica probablemente tenga más que ver con sus dueños que con él, bien por una educación incorrecta, una situación de estrés o una limpieza y mantenimiento insuficiente.

En esencia, como vemos, la repetición de acciones y su refuerzo positivo, a través de comida, caricias, juegos o palabras amables, es la técnica básica para encauzar la educación de nuestro gato. Es mucho más efectivo, desde luego, que reprimir sus acciones, dado que el gato pierde rápidamente la capacidad de relacionar una acción con sus consecuencias. En cualquier caso, si le pillamos *in fraganti*, podemos emplear un tono de voz firme para imponerle un «¡no!», pero en ningún caso recurrir al castigo físico o a hacerle sentir acorralado o amenazado. Este tipo de actitudes por nuestra parte le enviarán el mensaje de que tal vez no somos unos compañeros tan seguros para él como había pensado.

5

ASÍ PIENSA
NUESTRO GATO

ucha gente ve a los gatos como animales... diferentes. Digamos simplemente que van a su aire y marcan las reglas de relación con los demás; les da igual que se trate de humanos o de otros gatos, y esto marca una diferencia crucial con los perros, que sí establecen una relación muy distinta. Según unos destacados estudios al respecto, parece ser que los gatos no nos perciben como personas, es decir, como otro animal distinto; sencillamente somos unos gatos más grandes. Así que su relación con nosotros no es de sumisión, no somos sus dueños, socializan con nosotros como lo harían con otro gato, y como a tal nos quieren o nos rechazan según nuestro comportamiento y nuestra actitud hacia ellos.

Tal vez ahí radique la explicación de por qué los gatos siguen sin estar domesticados. Porque no lo están. Como veremos en el último bloque de este libro, su ADN salvaje y cazador sigue muy latente en cada felino por casero que sea. Podemos enseñarles a convivir con nosotros, a que usen el arenero o a que acudan cuando los llamamos, pero eso no debe confundirse con la domesticación. Han aprendido a compartir su vida y su espacio con esos gatos gigantes que somos nosotros, conscientes de que somos amigables y que les resulta beneficiosa la relación, porque no tienen que preocuparse por la comida ni por mantenerse calientes y seguros.

Así que más que un sometimiento por parte del gato lo que él lleva a cabo es una negociación con nosotros. ¿Queremos que vengan cuando los llamamos, que ronroneen y se dejen acariciar? Pues preparémonos para darles a cambio mucha seguridad, tranquilidad y cariño. Y nos toca «pagar» por adelantado.

¿QUIÉN ADIESTRA A QUIÉN?

Una vez ha confirmado nuestro amigo que somos un «gato» de fiar, el vínculo de fidelidad que se crea será difícil de romper. Porque, aunque no nos hayamos dado cuenta, si nuestro gato queda finalmente satisfecho con nosotros es porque él ha sido quien ha logrado un buen trabajo de entrenamiento, sin habernos dado cuenta nos ha adiestrado para que actuemos como quieren. Como gran observador que es, nuestro gato acaba aprendiendo qué debe hacer para provocar determinada reacción en nosotros y que le demos de comer, le acariciemos, juguemos con él o le dejemos tranquilo y actúa en consecuencia. Dicho de forma más sencilla, adapta nuestras respuestas a sus necesidades. Incluso está comprobado que los gatos caseros maúllan más que los salvajes, consecuencia de haber aprendido que, si insisten, obtienen buenos resultados.

Es más, los gatos no solo nos ven como a un igual, sino más bien a un igual no excesivamente inteligente, al que hay que adiestrar y proteger, de ahí que nos marquen de su propiedad frotándose contra nosotros o que a veces nos traigan algunas presas: no es que esperen que así los queramos más, es solo que no nos ven muy capaces de cazar y no quieren que pasemos hambre.

PACIENCIA Y PERSEVERANCIA

Los gatos tienen una forma de entender la vida francamente interesante. Tanto, que al analizarla bien valdría para recomendársela a cualquier persona. Puede que de verlos dormir tantas horas pensemos que son unos animales perezosos e indiferentes a todo. Sin embargo, existen pocos animales más meticulosos que ellos. Actúan por instinto, desde luego, pero eso no significa que lo hagan a la ligera. Esa meticulosidad los lleva a valorar con calma todos los posibles riesgos antes de actuar. Para eso les sirve la gran paciencia de la que hacen gala. Saben esperar el momento adecuado y están listos siempre para aprovecharlo.

Justamente esa necesidad de estar atentos y preparados para una reacción rauda es la que lleva al gato a dormir tantas horas. Puede que durante ese tiempo la vida le pase de largo, pero cuando no está dormido, no hay otro animal tan despierto como él. Consciente —en ese ADN aún salvaje— de que su supervivencia depende de su capacidad de reacción, un gato no desperdicia nada de energía, y cuando descansa lo hace a conciencia, de ahí que transmitan tanta serenidad. Por emplear un símil tecnológico, podríamos decir que entran en *stand by*.

¿Cambiaría nuestra vida si adoptáramos algo de esta psicología felina? Apurar de verdad el tiempo libre, relajarnos a conciencia y estar atentos y dispuestos para aprovechar las oportunidades que se nos presenten... ¡Miau!

SIETE EXTRAÑOS COMPORTAMIENTOS FELINOS

Ya que en este bloque hablamos sobre la psicología de los gatos, no está de más prestar atención a algunas conductas de estos adorables animales que no dejan de sorprendernos. Aunque parezcan excentricidades, todas tienen una razón de ser.

DORMIR EN EL LAVABO

No es extraño que alguna vez nos encontremos a nuestro amigo acomodado en ese hueco, y no le falta razón: es un lugar recogido, en alto y apartado de la zona de más agitación de la casa. Además, si vivimos en una zona cálida, y más aún en verano, ¿se nos ocurre lugar más fresco para descansar?

MORDISQUEO COMPULSIVO

Cualquier tela, y, si es lana, con mayor placer. Esta conducta suele darse en gatos que han sido destetados antes de tiempo, y suelen recurrir a ella en situaciones de estrés. En otros casos, ante episodios de ansiedad, mordisquean cuanto tienen a mano, como cartones u objetos de plástico. Tal vez no sea nada de cuidado, pero es recomendable comentarlo con el veterinario.

LOCURA TRANSITORIA

Estás tranquilamente leyendo en el sofá o durmiendo en la cama y, sin que medie ruido o acción alguna, tu gato comienza a correr y saltar de un lado para otro de la casa. Esta conducta, que los gatos jóvenes evidencian más por la noche y los adultos durante el día, puede deberse a dos razones. Por un lado, puede tratarse de la necesidad de quemar energía acumulada. Digamos que el animal está inquieto, incapaz de dormir, porque aún tiene «las pilas a tope», así que decide dar unos cuantos saltos para descargarlas. Si es algo habitual deberemos plantearnos jugar más con él y ofrecerle nuevas distracciones para que se canse de manera natural. Aunque esa es la causa más habitual, también podemos observar esa reacción desenfrenada cuando el animal sufre de parásitos externos, que le muerden la piel causando una comezón difícil de sobrellevar, sobre todo si es en zonas en las que no puede rascarse. Y esto nos lleva a...

MORDERSE A SÍ MISMO

Hay veces que esos parásitos externos están actuando sobre nuestro gato y este trata de librarse de ellos mordisqueándose diversas partes del cuerpo. Él mismo nos indica la zona con esos mordiscos, así que podemos revisar su pelaje para localizar esos insectos y eliminarlos con el producto que nos recomiende el veterinario. Pero ojo, si los mordiscos son en diversas partes del cuerpo y no hay rastro de parásitos es muy posible que se trate de una conducta compulsiva como consecuencia de una situación de estrés, en cuyo caso también será recomendable comentarlo con el especialista.

RASCAR FUERA DEL ARENERO

Hemos comentado ya varias veces que los gatos son unos animales muy exquisitos, y en el tema de la limpieza y la pulcritud no se andan con tonterías. Seguro que alguna vez has visto que tu gato acudía al arenero, y tras hacer sus cosas, sacaba medio cuerpo y rascaba con la pata hacia atrás sobre el suelo del baño en el gesto habitual de cubrir las heces con arena. En este caso no cubre nada, pero te está mandando un mensaje: o la arena no está limpia o la textura no le gusta, por lo que prefiere hacer ese gesto sobre una base más agradable, aunque en realidad no sirva para nada. Así que toma nota.

BEBER DEL GRIFO

En materia del agua, como los humanos, cada gato es un mundo, pero si en algo coinciden es en que la quieren fresca y limpia (ya sabemos que tontos no son). El agua corriendo del grifo da la sensación de estar más fresca, además de un punto juguetona, y puede que recurran a ella si no le renovamos a menudo la suya. También puede darse en gatos que tienen un bebedero de plástico, ya que este material puede llegar a cambiar el sabor del agua (imperceptible para los humanos) y su temperatura. Si observamos que recurren habitualmente al grifo, la solución puede ser comprar una pequeña fuente para gatos.

TAL VEZ PIENSEN DEMASIADO...

Está claro que los animales piensan, digan lo que digan quienes aún mantienen lo contrario a pesar de las pruebas científicas que lo corroboran. También sienten, y no solo dolor físico, sino también psicológico. No en vano, uno de los males habituales en los gatos es el estrés, que puede ser cuantificable atendiendo a las hormonas que segregan. ¿Por qué son tan propensos a sufrirlo? Justamente por su extrema sensibilidad y su tendencia a pensarlo todo: siempre atentos a cuanto sucede a su alrededor, siempre pendientes de tenerlo todo y a todos controlados, siempre calculando riesgos y recompensas.

Insistir en querer interaccionar con un gato cuando él no lo pide —cuando desea estar haciendo otra cosa, controlando otras cosas— puede generarle un gran estrés. Ese estrés, sufrido de manera prolongada, puede llevarle a una depresión, y es importante actuar para evitarlo. Pero de este punto ya hablaremos con detalle en el tercer bloque de este libro, dedicado al bienestar de nuestro amigo.

6

LENGUAJE
FELINO

En este punto volvemos a encontrar un buen puñado de argumentos para seguir rebatiendo esa absurda idea de que los gatos son solitarios y ariscos. Son animales muy expresivos y han desarrollado diversas técnicas de comunicación para relacionarse tanto con nosotros como con otros animales: sonoras, táctiles, visuales, olfativas... El gato recurre a todas esas formas de comunicación, pero con ninguna nos dará mensajes tan claros como con su lenguaje corporal. Así que, de igual modo que aprendemos otro idioma para poder relacionarnos con personas de otro país, también debemos esforzarnos por comprender la forma de comunicación de nuestro animal de compañía.

Como ya veremos al comentar su anatomía, el cuerpo del gato es extremadamente flexible, y él disfruta aprovechando todas y cada una de las posibilidades de movimiento para transmitir alegría, tristeza, preocupación o miedo. Posturas, miradas, posición de las orejas, expresiones faciales o movimiento de la cola, todo tiene un significado concreto que nos dirá cuál es el estado de ánimo de nuestro gato si aprendemos a «leer» su cuerpo.

MAESTROS DE LA EXPRESIÓN CORPORAL

Los felinos carecen del músculo que nos permite a los seres humanos y a otros animales como los perros fruncir el ceño. Justamente por eso parece que son más inexpresivos. Sin embargo, su rostro y posición pueden decirnos mucho sobre cómo se encuentran. Si vemos que nuestro gato anda con la cabeza gacha es muy probable que sienta miedo o incluso esté enfadado. Cuando la levanta bien orgulloso, sin embargo, sabemos que se encuentra bien, seguro, listo para que lo acariciemos. De igual modo advertiremos que cuando le masajeamos entrecierra los ojos, indicación de que está relajado y disfrutando, mientras que los mantendrá muy abiertos cuando está en alerta o ante una situación que le genere curiosidad.

También en la cabeza encontramos otra de sus más efectivas herramientas de comunicación, las orejas, con más de una veintena de músculos que le permiten desplegar una gran expresividad física. Lo habitual es que las tengan hacia arriba, moviéndose de un lado a otro de vez en cuando como un radar activo; eso es que están tranquilos pero atentos a cuanto sucede a su alrededor. Un gato con las orejas hacia atrás o hacia abajo nunca es buena señal: hay tristeza, miedo, enfado y, en resumidas cuentas, no se siente a gusto con lo que sucede a su alrededor.

Unos códigos similares podemos advertir en la cola del gato. Si es feliz en casa lo veremos ir de acá para allá moviéndola lentamente de un lado a otro. Si de pronto algo lo perturba, lo asusta y presiente una amenaza, la bajará o arqueará, moviéndola con rapidez.

¿Y qué nos cuenta nuestro gato con su cuerpo, por ejemplo, cuando se planta ante nosotros y se pone panza arriba, a veces revolcándose de un lado a otro? Debemos saber que no solo se siente feliz, sino algo aún más importante: seguro. Pero ojo, que no es un perro, así que, si nos vemos tentados a acariciarlo o hacerle cosquillas en la panza, probablemente se revuelva, nos arañe o muerda suavemente y se marche tranquilamente a continuación; es su forma de decirnos «esa mano me molesta». ¿Cuál es la reacción opuesta? La del gato agazapado, con el cuerpo tenso y encorvado: algo le preocupa o le asusta y está preparado para reaccionar en cualquier momento.

Por otro lado, aunque no lo hacen todos los gatos, podemos llegar a intercambiar afecto como lo haríamos con cualquier persona: ofrezcámosle la mano. Es posible que ponga sobre ella una o las dos patas delanteras y se frote con la cara a continuación. Tengámoslo claro entonces: nuestro amigo nos quiere tanto como nosotros a él.

Más allá del lenguaje corporal, los felinos también se comunican a través del olfato. Van dejando su impronta frotando su barbilla o su cuerpo por aquellos lugares, objetos o personas que consideran suyos, lo que llamamos «marcar» su territorio. Otros gatos podrán oler de este modo su sello personal. Por eso, que tu gato se frote contra ti es una señal inequívoca de que le resultas seguro y agradable, pues con ese gesto no solo te dice que te quiere, sino, más aún, que eres de su propiedad.

De manera más imperceptible para nosotros otra forma de comunicación es a través de las garras. Además de ser armas peligrosas, fundamentales en su rol de cazador, así como para trepar a los sitios, estas incorporan también una especie de código de identificación. De este modo, cuando el gato marca algún lugar u objeto con sus garras, las glándulas sudoríparas que hay bajo las almohadillas de las plantas dejan un mensaje olfativo que podrá ser captado por otros felinos.

No debemos terminar este apartado sin hacer referencia a una de las formas de expresión más curiosas que tiene nuestro gato para decirnos que se encuentra confortable y a gusto. Se trata de ese acto de «amasar» con las zarpas nuestro regazo, justo antes de acomodarse. Aunque no es exactamente lenguaje corporal, sí es una forma de transmitir que se siente seguro y en familia, y lo sabemos porque es un reflejo de lo que hacen las crías contra el costado de su madre mientras se alimentan. Es decir, nuestro gato se siente tan bien a nuestro lado que nos considera el equivalente a una madre, y por eso, ronroneando, nos «amasa» como a tal en la mayor demostración de cariño que puede depararnos un felino.

HABLAR «GATUNO»

De acuerdo, se mueven, hacen gestos, huelen..., pero ¿qué hay de la comunicación más directa, la equivalente a lo que sería hablar? Bueno, eso si es que no hay gatos que hablan realmente, porque algunos tienen una forma de maullar tan fluida y variopinta que cualquiera diría que están manteniendo una conversación con nosotros. De hecho, cuando los gatos maúllan nos están diciendo cosas. Para comprenderlas debemos atender al tono, la intensidad y la frecuencia del maullido, porque la suma de esos condicionantes se traduce en las diferentes emociones y necesidades que quieren transmitirnos. Veamos un «diccionario básico de habla gatuna».

«HOLA»

Es ese maullido alegre, que no repetirá más de un par de veces y que nos soltará al llegar a casa o cuando entre en la habitación en la que estamos tras haber pasado algún tiempo separados.

«QUIERO COMIDA/AGUA/QUE LIMPIES MI ARENERO...»

Ante nosotros o ante el objeto de su deseo, nuestro gato emitirá maullidos altos e insistentes, que por momentos pueden derivar en una cierta tristeza ante la falta de respuesta, pero seguirá maullando.

Los gatos pueden ser muy insistentes cuando quieren algo.

«¡QUÉ BIEN!»

En este caso es un maullido agudo, casi como un grito, que le escucharemos emitir cuando se tope con algo que le sorprenda, siempre en tono positivo, por ejemplo, cuando nos vea coger alguno de sus juguetes dispuestos a compartirlo con él o acercarnos a alguna de sus chucherías favoritas.

«ESTO NO ME GUSTA»

Un maullido que combina lamento y enfado; largo, grave e insistente. Es el que escucharemos, por ejemplo, cuando lo metamos en el transportín y nos movamos con él, también cuando lo dejemos solo en casa.

«AJÁ, ENTIENDO, ¿QUÉ MÁS?»

Hay gatos muy parlanchines que pueden acomodarse en tu regazo, mirarte cara a cara y mantener una dicharachera conversación contigo. Les dices algo y emiten un ligero maullido a modo de respuesta. Les comentas otra cosa y vuelven a corresponder. Según el interés de la charla pueden pasar así un buen rato. Es un maullido digamos que informal, similar al que puede emitir mientras lo acariciamos, como señal de que le está gustando y no quiere que paremos.

«¡AYUDA, POR FAVOR!»

Tal vez en algún momento nuestro revoltoso amigo

se quede encerrado en algún cajón o armario, o no nos encuentre estando en alguna casa desconocida para él... en esos casos emitirá un maullido alto, claro y severo, repitiéndolo cada cierto tiempo hasta ser rescatado. Bien distinto es el maullido que escucharemos cuando se encuentre enfermo, cuando le duela algo y quiera que le ayudemos. En ese caso será un maullido claramente lastimoso que nos impulsará a reaccionar cuanto antes para dejar de verlo y oírlo en ese estado.

«SOLTERA Y SIN COMPROMISO»

El maullido de la gata en celo suele ser alto, agudo e insistente, destinado a reclamar la atención de los machos. Lamentablemente, también es el más molesto para los humanos y por eso supone una de las principales razones por las que los dueños de gatas deciden esterilizarlas, para solventar el grave problema que pueden suponer estos maullidos para el hogar y la propia comunidad de vecinos.

EL RONRONEO

Si los maullidos son el equivalente gatuno de nuestra habla, ¿qué es exactamente el ronroneo? Llegamos aquí a un punto realmente curioso y singular, porque a día de hoy aún no se sabe con certeza el origen concreto y los mecanismos de emisión de este característico sonido de los felinos.

Una línea de estudio mantiene que el ronroneo nace en la vena cava posterior, a la altura del diafragma, cuando los músculos comprimen el flujo sanguíneo creando así unas vibraciones que se transmiten a través de los bronquios. Otra teoría mantiene que el ronroneo es fruto del temblor de los músculos de la laringe, que provocan la dilatación y regresión de la glotis a tal velocidad que genera esas peculiares vibraciones al respirar. Sea como sea que nazca, lo que sí tenemos claro es que el gato suele ronronear cuando se siente a gusto y feliz (aunque no solo en esas ocasiones, como veremos).

En este sentido, sí que podemos rastrear su origen hasta la propia infancia del animal, ya que la madre se comunica con sus crías a través del ronroneo. Hasta que se desarrolla su vista, la madre indica su posición a los cachorros a través del ronroneo, y también es fundamental este —además del olor— para guiarlos a la hora de mamar. En ese proceso, el ronroneo materno ayuda a que los pequeños se relajen y no muerdan los pezones. En cuanto la camada desarrolla la posibilidad de ronronear, también utiliza este medio para comunicarse con la madre y confirmarle que se están alimentando correctamente.

Hemos dicho antes que los gatos ronronean cuando se sienten bien, y sin duda es el caso más generalizado, pero ese sonido no es monocorde. El ronroneo de un gato casero genera entre veinticinco y ciento cincuenta vibraciones por segundo, lo que brinda al felino un amplio abanico de frecuencias que empleará según sea el estado de ánimo que quiere transmitir.

Dos casos similares *a priori*. Escuchemos a nuestro gato cuando come, en muchos casos ronroneará, con un sonido suave e irregular (más regular y fuerte lo hará en el caso de que quiera llamar nuestra atención para que le pongamos comida o agua, le acariciemos o limpiemos su arenero). También lo hará en buena parte de las ocasiones que se acomode en nuestro regazo mientras lo acariciamos. En ambos casos expresa felicidad, pero si aguzamos el oído, nos daremos cuenta de que el segundo ronroneo es más complejo, porque además de sentirse complacido, nuestro amigo también está expresando confianza y agradecimiento.

No obstante, como decíamos, no solo ronronea en casos positivos. No le gustará escuchar nuestra voz firme y severa cuando le regañemos con severidad, y nos lo hará saber a través de un ronroneo similar al que emiten en situaciones de tensión. A veces incluso pueden recurrir a esta vía para transmitir que no se encuentran bien o que sufren algún dolor; en este caso, ante la desesperación de la situación, su ronroneo será más escandaloso. No obstante, como ocurre con la voz de las personas, tengamos en cuenta que cada gato tiene su propio tono y forma de maullar y ronronear, por lo que todo lo descrito son líneas muy generales de orientación. Con paciencia y atención, tendremos que ir «aprendiendo» la forma de comunicarse de nuestro gato.

EL BUFIDO

Cuando un gato está asustado y se siente acorralado o amenazado su territorio, el primer recurso para intentar asustar al supuesto enemigo es el bufido. Este no es más que un maullido modulado en una tonalidad muy baja, tanto que a veces pasa indistintamente de bufido a aullido largo. Resulta bastante inquietante, y es una señal —reforzada por su postura física en tensión— de que el animal está listo para atacar si fuera necesario. Así que por más que pensemos que le estamos procurando un gran placer con nuestras caricias, si nuestro gato nos bufa en cualquier momento más nos vale retirar las manos y reflexionar sobre cómo hemos llegado a hacer que se sienta tan agobiado.

SEGUNDA PARTE

UN DÍA EN
LA VIDA
DE UN GATO

¿Qué hacen los gatos cuando no los vemos? Puede que la pregunta resulte algo absurda *a priori*, pero es algo que mucha gente se plantea. Ya hemos apuntado esa aura de misterio que envuelve a los felinos desde sus días dorados de deidades egipcias. El asunto ha dado para las más rocambolescas historias, desde el supuesto origen extraterrestre de estos adorables animalitos hasta las descacharrantes «sospechas» de que planean dominar el mundo. Sí, puede sonar a argumento de fábula infantil, pero algún que otro grupo social supuestamente serio ha surgido en torno a esta idea, hasta el punto de que alguna película hay sobre la terrible amenaza que suponen estos peludos (como el clásico de terror de 1977 *Las garras del infierno*).

Para desterrar temores infundados, diremos que cuando salimos de casa, nuestro gato se queda bastante tranquilo, y desde luego no traza ningún plan maligno (amén de alguna que otra trastada que podamos encontrarnos al regresar). En esencia, estemos delante o no, la vida de un gato —casero o no— es bastante rutinaria. No es que siga unos horarios concretos, pero sí que hay una serie de actividades que suele ejecutar cada día y que, en esencia, vienen a llenar todo su tiempo. Observar ese «horario» común (denominado etograma) es el objetivo de la etología, la ciencia que estudia la conducta de los animales. ¿Por qué es importante conocerlo? Porque habitualmente, la alteración de ese etograma, es decir, de los hábitos establecidos, suele conllevar cambios en la personalidad. Si todos somos, más o menos, animales de costumbres, esta calificación es aún más certera en el caso de los gatos, a los que ya sabemos que les gustan poco las sorpresas.

Pero ¿y si el etograma genético no ha terminado de adaptarse al nuevo estilo de vida? Eso es lo que les ocurre a los gatos caseros o en semilibertad, que aún sienten que deben dedicar buena parte del día a cazar, aunque son conscientes de que no lo necesitan para sobrevivir. A veces ni siquiera tienen una presa a la vista. Esta contradicción la observamos especialmente en los cachorros, que mantienen especialmente fresco el instinto salvaje y pueden acechar a nuestros talones desde cualquier rincón de la casa. Poco a poco, el animal irá tomando conciencia de su nueva circunstancia y «llenando» su tiempo con otras actividades.

En este bloque vamos a meternos de lleno justamente con eso, con las actividades básicas de cualquier gato: su agenda diaria. Un adelanto: cazar, comer, jugar, acicalarse y dormir. Poco más... y poco menos. Eso sí, de manera complementaria, al tiempo que ejecuta cualquiera de esas acciones, el felino suele aprovechar para marcar su territorio y esparcir sus feromonas. Hablaremos de todo, recalcando con más detalle unos aspectos y siendo más escuetos en otros, como el juego, que se trata ampliamente en otros pasajes de este libro.

CAZAR

Si tenemos en casa un gato al que hemos decidido castrar, es posible que nos resulte difícil imaginarlo atrapando en vuelo a un pájaro o trayendo hasta nuestros pies algún roedor entre los dientes. Una de las consecuencias de esa intervención médica es que el instinto cazador del animal no desaparece —como podemos advertir en sus juegos— aunque sí se enfría considerablemente. Pero en circunstancias normales, por más que sus mimos y piruetas nos resulten entrañables, los gatos son cazadores por naturaleza.

Como veremos al estudiar su anatomía, los gatos, y en general toda la familia de felinos, fueron evolucionando hasta convertirse en uno de los cazadores más perfectos de la naturaleza. Sus garras y colmillos, su cuerpo especialmente ágil y atlético y esos supersentidos tan afinados, lo convierten en todo un maestro cazador, lo que ha terminado por perfilar un instinto implacable en ese sentido.

Según diversos estudios, el tiempo que los gatos dedican a la caza varía mucho de un individuo a otro, y puede oscilar entre los cuarenta y cinco minutos diarios hasta las ocho horas, aunque la media ronda el quince por ciento del día, algo menos de cuatro horas. En ese amplio margen influyen diversos condicionantes, como la abundancia o escasez de presas, el acceso a comida supletoria o el ciclo reproductivo (se caza menos durante el celo, más cuando las gatas están criando).

Los gatos caseros que pueden salir al exterior cazan del mismo modo que los callejeros, pero al tener su plato de comida asegurado no necesitan hacerlo por supervivencia, solo por instinto. En un estudio comparativo entre gatos semilibres con casa y dueños que los alimentaban frente a gatos callejeros, se comprobó que los primeros cazaban una media de seis horas diarias frente a las doce que empleaba el segundo grupo. Pero ¿por qué necesitan dedicarle tanto tiempo? Como veremos, es una mera cuestión de tamaño y probabilidad.

A la hora de alimentarse, los gatos le lanzan la zarpa a todo lo que se mueva, desde conejos a insectos, pasando por reptiles, aunque la presa en la que están especializados son los pequeños roedores, es decir, ratas y ratones. Ahora bien, un gato adulto necesita comer una media de entre ochenta y ciento ochenta gramos al día. Aceptemos que mantiene una dieta exclusivamente de ratones, como suele ser el caso de los gatos asilvestrados. Eso supone que deben cazar de tres a seis ratones diarios. Por más efectivos que sean estos cazadores, si asumimos que necesitan varios intentos hasta hacerse con cada una de las presas, conlleva al menos una veintena de «asaltos» al día, y eso una vez encontrada ya la presa. Conclusión: es lógico que su jornada esté consagrada a la caza. Aunque no todo es cuestión de hambre.

Mucha gente se sorprende de que, a pesar de tener a su gato correctamente alimentado, corroborada la dieta por su veterinario, el animal no deja de cazar cuando se le permite salir al exterior. Algo que, por lo general, no suele ser del agrado de sus dueños, por más que ellos se sientan felices y orgullosos cuando le dejan el pájaro o roedor muerto a sus pies. Y esa es justamente la razón: el acto de cazar no es solo una cuestión de alimentación, también lleva aparejada toda la emoción que supone para el gato el proceso de búsqueda, rastreo, acecho y caza final.

Esa excitación es la que podemos ver en nuestro gato casero, ese que vive en un piso, sin posibilidad de rastrear una presa en el jardín, pero que se pone como loco cuando una paloma o un gorrión cruzan ante la ventana, o cuando persigue sin tregua a una mosca por la habitación. Puede que nuestro gato tenga lleno su plato de comida, pero es otra cosa mucho más instintiva y visceral lo que le mueve en ese acto de acecho: la emoción del proceso.

¿NUNCA TE HAN
REGALADO UN RATÓN?

Como ya hemos comentado, el impulso de cazar en los gatos es independiente del hambre. Aunque bien pueden comer ratones, no siempre necesitan hacerlo gracias a sus cómodas condiciones de vida. Pero ¿qué van a hacer si, de algún modo, nacen «programados» para cazar? Por eso en ocasiones no asestan un mordisco mortal, sino que atrapan a la presa y juegan con ella, un comportamiento que, aunque pueda parecernos cruel, resulta comprensible: no es fácil que un gato casero tenga a menudo la ocasión de cazar, así que, cuando lo logra, intenta prolongar el momento.

Además, desea compartirlo con nosotros, esos «gatos gigantes» tan inútiles a sus ojos, a los que jamás han visto con una presa entre los dientes. Así que nos entregan su caza para que no pasemos hambre, y de paso, ver si aprendemos un poco. Pero ¿deben ser necesariamente ratones? Si lo pensamos bien, por tamaño y abundancia —sobre todo en el pasado— resultan la presa ideal para un gato. También echan la zarpa a distintas aves, desde gorriones a palomas o zorzales y, si el hambre aprieta, pueden descubrirse como hábiles pescadores, pero los ratones son sin duda la presa preferida.

En cuanto a lo de ponerlos a nuestros pies, es pura cuestión de observación. No es broma: al no vernos cazar nunca, entienden que no sabemos hacerlo, así que nos enseñan, como su madre hizo con ellos. De hecho, este gesto de llevar las piezas que cazan a sus dueños suele ser más habitual en gatas castradas sin crías a las que educar. Así pues, por más que nos disguste, no debemos reaccionar con desagrado ante el regalo de nuestro gato, pues se trata de una conducta natural que no vamos a poder reeducar, y que solo evitaremos en el caso de gatos que no salgan al exterior.

¿Y estos gatos «de interior» no sienten esa necesidad de cazar y ofrecernos la presa? Desde luego, aunque de manera aún más soterrada en su subconsciente, dado que ni siquiera ellos mismos pueden cazar. Al menos, de verdad. Supliremos ese impulso con los juegos correspondientes, con los que el animal verá cumplida su necesidad de cazar, y en más de una ocasión nos traerá ese juguete y lo dejará a nuestros pies. Tal vez sepa que no podremos alimentarnos de él, pero sí verá cumplido su propósito de enseñarnos el difícil pero necesario arte de la caza.

En el capítulo anterior hablábamos —e insistiremos más adelante— de la importancia que tiene el juego para nuestro gato. En el caso de los gatos caseros, ese juego sustituye a la caza para dar rienda suelta a esas emociones, porque además de descargar mucha energía al realizar tanto ejercicio físico diario, la caza también hace que fluya la adrenalina del felino a nivel mental, lo que sirve para agudizar sus sentidos. Por eso a veces, sobre todo a los más jóvenes, toda esa emoción retenida termina empujándolos a «cazar» nuestros tobillos cuando andamos por casa, mucho más estimulantes que un juguete de trapo a no ser que les «demos vida» participando con ellos en el juego.

Precisamente por el papel que juega la caza en la salud física y mental de nuestro gato, es muy importante que nos preocupemos de que pueda ejercerla correctamente, aunque sea «en falso». Lo primero en este sentido es que aprenda a cazar. Al contrario que los gatos salvajes, que cazan por instinto ante la necesidad de obtener comida, los gatos caseros sí necesitan que les enseñen cómo hacerlo. Esto nos lleva a insistir una vez más en la importancia de no separar a los cachorros de sus madres hasta pasadas las primeras semanas, porque será ella la primera «instructora». Alrededor de la cuarta o la quinta semana, cuando ya pueden moverse con cierta agilidad, los cachorros observan el comportamiento de la madre, que ataca y come de la presa ante ellos antes de ofrecérsela. Poco a poco, sus crías acabarán imitándola.

En el caso de que tengamos un gatito que ha sido separado de su madre demasiado pronto, será muy importante que nos impliquemos en su crecimiento y desarrollo estimulando su instinto cazador a través de juegos de persecución y presas falsas.

8

COMER

El objeto principal de la caza en cualquier animal es sin duda el de alimentarse, pero ya hemos visto que en el caso de los gatos no siempre coinciden ambas actividades. También a la hora de comer los felinos tienen sus peculiaridades. Mientras que los cánidos, como perros y lobos, comen todo lo que pueden, casi de manera compulsiva, y esconden los restos para seguir más tarde con el festín, los gatos solo buscan saciar su impulso más inmediato. Y lo hacen rápido. Por eso veremos que no suelen vaciar a la primera su cuenco de comida, o en el caso de los cazadores, puede que solo coman parte de su presa, solo lo justo, y la olviden una vez satisfecha su necesidad.

Al contrario que los perros, que suelen devorar cuanto se les pone por delante con pinta de estar sabroso, los gatos huelen y rondan una y otra vez ese bocado potencial antes de decidirse, rechazándolo muchas veces si no los convence. Esto supone un problema, por ejemplo, en los casos en los que debemos cambiar el tipo de comida por cuestiones de edad o salud: si no es la de siempre puede que recelen y prefieran rechazarla. Igual ocurre —siempre según el gato— cuando es comida húmeda y la lata lleva ya algún tiempo abierta —hablamos de horas, no de días—: puede que el gato la huela y, al no notarla «fresca», decida pasar. Esa es la razón de que encontremos comida enlatada para perros en tamaños grandes (rondando el medio kilo), mientras que las de los gatos varíen de ochenta y cinco a ciento cincuenta gramos, incluso más pequeñas, concebidas todas ellas para el consumo en una o dos visitas al plato, no más. Ya vemos que nuestros amigos son unos refinados gourmets.

A la hora de comer, como en casi todo lo que a ellos se refiere, los gatos buscan tranquilidad, un lugar apartado que les permita relajarse y poder bajar la guardia para concentrarse en alimentarse, sin riesgos ni sorpresas. En el caso de nuestros gatos caseros, lo habitual es servirle la comida en un rincón de la cocina, donde pronto comprobarán que nadie va a importunarlos. En cuanto al contenido de su plato, más aún que el tipo de comida, la gran duda de los dueños suele ser la cantidad. Pues como todo, depende.

La edad del gato es importante a la hora de decidir cuántas raciones diarias de alimento deberá tomar. Los cachorros necesitan mayor refuerzo nutricional por kilo de peso en comparación con un animal adulto. Esto implica que necesiten no solo comida más enriquecida, sino además en mayor cantidad. El gato pequeño, más saltarín y juguetón y en pleno crecimiento, requerirá más calorías, grasas, proteínas, vitaminas y minerales, y una deficiente alimentación será evidente pronto en el cachorro. Por el contrario, los felinos mayores o sénior, a partir de los siete años de edad, comerán menos cantidad de alimento al quemar menos energía en su actividad cotidiana.

Pero ¿qué cantidad exacta? Eso nos lo indicarán el veterinario y, sobre todo, el fabricante de la comida que decidamos —o nos recomienden— darle. Otra pregunta clave una vez que sabemos la ración diaria de comida: ¿la servimos de una vez en su plato o se la repartimos en varias tomas a lo largo del día? Ya lo hemos apuntado un poco más arriba: al contrario que el perro, el gato no come de manera compulsiva, perfectamente hara una docena o incluso una veintena de visitas a su plato de comida a lo largo del día. La única precaución que deberemos tener es observar que nuestro pequeño mantiene un peso saludable y que el plato no está vacío a mitad del día, porque en este caso es muy probable que nos persiga maullando más adelante pidiendo un tentempié.

UNA RECETA PARA
HACERLE FELIZ

Como hemos visto, los piensos son la opción más recomendable para la alimentación de nuestro gato al estar concebidos para satisfacer todas sus necesidades nutricionales. Sin embargo, no es malo en absoluto ofrecerle de vez en cuando un bocado de comida fresca, ya sea de lata o preparada por nosotros. El pienso le alimenta, pero la comida fresca es un verdadero festival de sensaciones placenteras, y así podremos verlo correr raudo a devorar el plato en cuanto se lo pongamos por delante.

¿Somos un poco «cocinillas»? Si no nos importa echar mano de sartenes y cucharones, podemos regalar de vez en cuando a nuestro amigo un plato sano, nutritivo y delicioso con el que hacerle disfrutar sin descuidar lo más mínimo su cuidado. Para eso es fundamental tener en cuenta qué ingredientes podemos usar y los que debemos evitar. El pescado es un bocado perfecto para los gatos, pero no todos son igual de apropiados. Las latas de atún, por ejemplo, que *a priori* parecen tan apropiadas para un gato, contienen mercurio, bisfenol y altos niveles de sodio, por lo que debemos evitarlas. En general, los pescados salados o cocinados con mucha sal, los ahumados, los marinados y los presentados en conservas no son recomendables para los gatos.

¿Cuáles sí lo son? Pues en realidad, cualquier pescado, siempre que no tenga ninguno de los tratamientos citados. Tampoco olvidemos que el pescado no puede ser la base de alimentación de nuestro gato, un animal esencialmente carnívoro, ya que no estaríamos ofreciéndole una nutrición completa. Por lo demás, puede ofrecer buenos niveles proteicos y aportar ácidos grasos saludables, como omega 3 y omega 6 o vitaminas del tipo B. ¿Y cómo se lo ofrecemos? Puede comerlo crudo, sin duda (siempre que sea fresco), claro que también podemos prepararle alguna jugosa y completa receta como la siguiente. Toma nota de los ingredientes:

500 gramos de pescado (salmón, por ejemplo)
100 gramos de calabaza
75 gramos de arroz
Un poco de levadura de cerveza
Dos huevos

ELABORACIÓN

Hervimos el arroz y la calabaza y cocemos los huevos.

Deshacemos los huevos, con la cáscara incluida, que supone un aporte extra de calcio.

Cortamos el pescado en trozos muy pequeños y los cocinamos ligeramente en una sartén, solo hasta que cojan color.

Mezclamos todos los ingredientes hasta conseguir una masa homogénea, que podremos repartir en bolsas o recipientes para la nevera o el congelador y tener así para varios días.

Hablemos ahora del contenido del plato. Hace no demasiado tiempo los gatos eran los reyes de la casquería, que se les servía previamente cocida. Sin embargo, hace ya unos treinta años hubo una eclosión de empresas especializadas en alimentación animal con un amplio surtido de piensos especialmente diseñado para atender a las necesidades concretas de cada edad (cachorros, adultos, sénior), condición (flacos, normales y obesos; gatas gestantes o en periodo de cría) e incluso para determinadas razas.

¿Comida según la raza? Pues sí, porque se ha llegado a comprobar —filmando cómo comían a través de platos con la base transparente— que hay formas específicas de comer para los miembros de algunas razas. Mientras que la mayoría de los gatos se meten la comida en la boca ayudándose de la lengua, en un movimiento de abajo arriba, los de nariz chata, como los persas, la empujan con la lengua en sentido contrario, de arriba abajo, como una pala retroexcavadora. Por su parte, los gatos de morro largo, como los siameses, cogen las piezas de pienso con la punta de los labios. El resultado de estos estudios fue el desarrollo de piensos específicos para facilitar la ingesta según la forma de comerla.

Pero ¿son realmente los piensos (alimentos secos) lo más recomendable? Desde luego tienen varias ventajas sobre las latas de comida húmeda y los bocados caseros que podamos preparar. Para empezar no se resecan, por lo que pueden pasar todo el día en el plato y nuestro gato no lo rechazará por «viejo». Pero, sobre todo, son los que mejor se adaptan a los hábitos alimenticios del gato, con esas quince o veinte pequeñas tomas diarias que él mismo puede ir administrándose.

No queremos pasar por alto a los pequeñines, porque los gatitos no empiezan, naturalmente, alimentándose de pienso, sino de leche materna, fundamental para las crías al transmitirle con ella la inmunidad frente a los principales patógenos infecciosos. Por eso, en caso de que adoptemos un gatito aún en lactancia o al que su madre haya rechazado —lo que ocurre a veces en las camadas—, deberemos sustituirla a ella administrándole, con la ayuda de un biberón, leche especial rica en ácidos grasos, calostro (anticuerpos) y vitaminas.

Pasadas alrededor de nueve semanas comenzarán a salir los dientes del animalito y concluirá el periodo de lactancia. Podremos entonces pasar al pienso, pero siempre observando que sea el adecuado para su edad. Además, podemos humedecerlo con un poco de agua para que le resulte más fácil la transición a este tipo de alimentación. Y cuidado, en el caso de los cachorros, no perdamos la cabeza con el entrañable plato de leche. Veamos este asunto con detenimiento.

EL MITO DEL PLATO DE LECHE

Cuántas veces hemos visto en películas, series y cómics a ese gatito perdido que alguien recoge y le alimenta con un platito de leche. Cuántas veces hemos oído que eso es terrible porque los gatos, en realidad, no pueden tomar leche de vaca. Bueno, hay que hacer diversos matices a esta cuestión. Los gatos sí pueden tomar leche de vaca, pero no siempre ni en cualquier momento de su vida, y, por supuesto, solo de manera ocasional.

Veamos primero la circunstancia que lo explica todo: durante la lactancia, los cachorros producen una gran cantidad de la enzima lactasa, cuya función es la de digerir la lactosa que compone la leche. Pero a medida que se produce el destete y el animalito va tomando menos leche materna, también se reduce la producción de la citada enzima en su tracto digestivo, hasta que en algunos casos se llega a desarrollar intolerancia a la lactosa (como ocurre con los seres humanos).

¿Y si llega a nuestras manos un gatito, aún lactante, que ha perdido a su madre? En ningún caso deberemos ofrecerle leche de vaca, porque su composición es distinta de la materna y carece de los nutrientes y proteínas que necesita el cachorro. En este caso podemos recurrir a diversos productos disponibles en el mercado que simulan la leche materna de la gata. Poco a poco, una vez consideremos destetado al animal, podremos ir ofreciéndole pequeñas cantidades de leche de vaca para comprobar si la digiere bien.

Dependiendo de hasta qué punto se reduzca la producción de la citada enzima nos encontraremos con gatos adultos que sí pueden tomar leche y con otros que experimentarán vómitos, diarrea e incluso picores después de probar un poco. En cualquier caso, aunque el gato digiera bien la leche (siempre sin lactosa), esta solo debe estar presente de manera anecdótica en la dieta del animal, ya que los felinos precisan de una serie de proteínas, nutrientes y vitaminas que están presentes en otros alimentos.

JUGAR

Hablamos de animales juguetones y nos vienen, rápidamente, un par de adorables gatitos a la cabeza. Tal vez un par de cachorros de perros. ¿Pensaríamos en lobos? ¿Por qué no? Todos ellos son animales sociales para los que el juego constituye no solo un divertimento, sino también una actividad fundamental para relacionarse con el resto de los animales y con el propio mundo que los rodea. Y no nos referimos solo a los cachorros. Hasta los fieros lobos adultos pueden llegar a recurrir al juego para rebajar tensiones y afianzar el grupo. Algo así como algunas terapias entre seres humanos, que por algo somos también «animales sociales».

Como ya hemos apuntado, el juego es crucial para el gatito porque le sirve para formarse en las técnicas de caza, además de suponer una interacción social que conlleva una serie de estímulos imprescindibles para el desarrollo de su cerebro. Su madre y especialmente sus hermanos son los compañeros perfectos en ese proceso. Cuando el gato sea adulto ya no contará con ellos, pero para entonces su cerebro ya estará formado, y el juego seguirá estando presente en su vida, incluso viviendo en soledad. Pero, ¿por qué? No existe una razón concreta, salvo la constancia de que el juego le resulta una experiencia agradable, que le ayuda a relajarse y a sentirse bien. ¿Y a quién no le gusta ser feliz?

De ahí que muchos especialistas recomienden, si las circunstancias lo permiten, que tengamos en casa dos gatos en lugar de uno. De este modo facilitamos que estén acompañados, que tengan un compañero de juegos y que se mantengan de este modo más ágiles, en forma y activos mentalmente por más adultos que se hagan, dado que el gato solitario, aunque tenga sus arrebatos juguetones, tiende a volverse más tranquilo y pausado con el paso de los años. Pero recordemos, como ya hemos dicho en otros capítulos, que nada nos sustituirá a nosotros como compañeros de juego, es parte de la responsabilidad que asumimos cuando decidimos tener un gato... o dos.

SUS ESCONDITES FAVORITOS

Algunas personas bromean sobre sus gatos, sobre todo si son aún pequeños y juguetones, y dicen que son verdaderos «ninjas», que, a imagen de esos silenciosos guerreros asiáticos, son capaces de desaparecer y camuflarse en cualquier parte. Esta acción tiene mucho que ver con su carácter cazador innato, pero también un poco con la necesidad de buscar un lugar tranquilo y seguro para descansar. No tiene por qué significar que no se encuentren bien con el resto de la familia, sencillamente que por un rato prefieren «camuflarse» con el ambiente y buscar, de paso, un poco de calor. ¿Cuándo serán más habituales esos «momentos ninja»? Probablemente con la llegada de extraños a casa, sobre todo si, siendo joven, el gato está aún en proceso de socialización. ¿Y supone algún peligro esta conducta? Casi nunca, solo en determinados casos en los que los escondites pueden convertirse en una trampa mortal si no reparamos que el animal está ahí.

¿Cuántas veces hemos tenido que pasar un buen rato buscando a nuestro gato y al final lo hemos encontrado en el sitio más insólito? Ellos adoran esconderse en sitios cerrados, oscuros, calentitos y tranquilos. Este comportamiento común entre todos los felinos tiene una explicación, y es que estos

tiernos animalitos están en constante estado de alerta, por lo que buscan escondites para sentirse más
seguros y relajados. Cuando en casa hay personas ex-
trañas que ellos puedan considerar intrusos también
tendrán tendencia a esconderse para estar tranquilos. Vamos a ver cuáles son sus escondites favoritos y
cuáles los que pueden conllevar algunos riesgos.

VEGETACIÓN

Si nuestro gato tiene la oportunidad de salir al exterior florecerá su ADN más salvaje y buscará arbustos
y árboles para pasar desapercibido.

CAJONES Y ARMARIOS

Es sin duda su escondite de referencia en interior. Da
igual que los dejemos cerrados, porque no les resul-
tará difícil aprender a abrirlos. Son lugares oscuros,
tranquilos y habitualmente confortables gracias a la
ropa que guardamos dentro. ¡Perfecto!

CAJAS Y BOLSAS

Cuando volvamos de la compra o llegue el mensajero
con cualquier envío, nuestro amigo será el más feliz
del mundo si dejamos a su alcance las bolsas y sobre todo las cajas, que suponen perfectos hogares
en miniatura. En el caso de las bolsas, no debemos
perder de vista el juego, dado que en el caso de las
de plástico podría enredarse y asfixiarse con ellas.

RADIADORES Y CALEFACTORES

No es que estos sean buenos escondites, sino más

bien «paradas» de referencia para los felinos, porque les encantan los sitios calentitos, así que allí los veremos recalar una y otra vez para descansar o simplemente sentarse expectantes. Observemos si también tiene querencia por una pared o una columna determinada de la casa. Si es así, es muy probable que tras ella vayan los tubos de la calefacción, y eso lo convierta en otro rincón deseable.

TRAS LAS CORTINAS

Otro escondite por antonomasia, no especialmente cómodo, pero sí efectivo. Lo divertido es observar cómo a veces ellos se consideran perfectamente ocultos, aunque lo único que quede tras la cortina sea su cabeza.

Ahora repasemos esos sitios más delicados, lugares además a los que suelen recurrir los gatos cuando están asustados o estresados, por lo que no saldrán de ellos por más que los llamemos o los ofrezcamos comida.

TUBERÍAS Y CONDUCTOS DE VENTILACIÓN

Son lugares libres de presencias amenazadoras, y sus cuerpos flexibles les permiten entrar fácilmente. El problema se presenta a veces al salir cuando quedan atrapados, pudiendo llegar a asfixiarse si la ventilación comienza a expulsar humos o gases tóxicos para ellos.

ELECTRODOMÉSTICOS

Lavavajillas, horno, y sobre todo lavadora y secadora

son lugares que, con la puerta abierta, suponen invitaciones muy jugosas para estos animales. Más aún si huyen en busca de un lugar libre de «nosotros». Sobre todo, si hace tiempo que lo hemos perdido de vista, comprobemos que nuestro amigo no está dentro de ninguno de estos aparatos antes de ponerlo en marcha.

COCHES

En los motores (cuando el modelo lo permite), sobre las ruedas... cualquier rincón de un coche, sobre todo si acaba de usarse, es un buen y cálido escondite, pero especialmente peligroso para los gatos callejeros, en busca de cobijo durante las noches frías. En el caso de los gatos caseros, ojo si tiene acceso al garaje.

ACICALARSE

Los gatos son limpios y presumidos. Solemos verlos lamiéndose el pelaje varias veces al día, pero tal vez no tengamos una verdadera idea de la relevancia que esta actividad tiene para ellos: nuestro amigo puede llegar a dedicar hasta ocho horas diarias a lucir impecable. Imaginémonos si tuviésemos que compartir baño con él... Vamos a ver con mayor detalle cuáles son las funciones de este proceso de acicalamiento.

En primer lugar, y principalmente, tiene un objetivo higiénico. Los gatos se asean varias veces al día, empleando su saliva. La reparten por el cuerpo hasta donde alcanzan con su lengua, y lamen sus patas para llegar donde aquella no puede, por ejemplo, para limpiarse la cara o las orejas. Con este proceso no solo limpian su pelaje, también eliminan el pelo muerto, y aquí deben afrontar un problema importante, ya que llegan a ingerir hasta un ochenta por ciento del pelo que van soltando. Eso es lo que les provoca las famosas bolas de pelo que pueden llegar a ocasionar problemas a su aparato digestivo. Los gatos que se mueven en el exterior lo solucionan purgándose con la ingesta de hierba. Para los que no salen de casa la solución es el jarabe de malta, que es una mezcla de cereales y grasas vegetales que absorbe agua del intestino y ayuda a «esponjar» las heces al hidratarlas, evitando así que se formen bolas de pelo que no puedan digerir.

Con el paso de los años, algunos gatos de cierta edad, y sobre todo aquellos que han terminado ganando más peso de la cuenta, experimentan dificultades para lamerse la espalda, por lo que será importante que les ayudemos en la labor con un cepillo apropiado para evitar la formación de nudos y pegotes de pelo en el lomo.

Como parte de ese proceso de higienización, otra función del acicalado felino es la desparasitación externa. Garrapatas, pulgas, sarna, piojos... como tantos otros animales, el gato no escapa a estos pequeños seres, pero juega a su favor su increíble flexibilidad, que le permite alcanzar casi todas las partes de su cuerpo. Por esta razón, al contrario de lo que ocurre con los perros, es difícil ver que un gato tenga piojos o garrapatas: las eliminará al lamerse o las arrancará con los dientes, y solo en algunos cachorros, aún inexpertos en la materia, encontraremos casos de infección con estos parásitos.

Las únicas que se les resisten son las pulgas, tan rápidas que cuando el gato intenta eliminarlas siempre hay alguna que se escabulle entre el pelo, por lo que habrá que ayudarle a erradicarlas. Y un último dato algo desagradable: la pulga forma parte del ciclo biológico de una tenia, indeseado habitante del intestino del gato. Así que, si advertimos que nuestro gato tiene pulgas, con muchas probabilidades tendrá la tenia. Ahí entra en juego nuestro amigo veterinario.

Mucho más curiosa es la función de termorregulación del acicalado felino. La comentaremos con más detalle al hablar de su anatomía, pero avanzaremos que se trata de la forma en la que el gato se refresca al no poder hacerlo, como nosotros, a través del sudor, ya que carecen de glándulas sudoríparas salvo en las almohadillas plantares. ¿Cómo lo hacen? Extendiendo con la lengua saliva por todo su cuerpo que, al evaporarse, ayuda a moderar la temperatura corporal.

Finalmente, es importante observar que el acicalado juega también un papel social, de interacción con otros gatos. Igual que los veremos jugando o frotándose, también podremos ver a dos felinos lamiéndose mutuamente. Es la manera de reafirmar la pertenencia al grupo, de transmitir tranquilidad y confianza. De este modo, impregnan al otro animal del olor de sus feromonas faciales, lo que hace que identifique el olor de ese otro gato como el suyo propio; es decir, lo reafirma como parte de su familia. Esta forma de marcaje mutuo a través del acicalamiento supone, en esencia, un mecanismo antiestrés, dado que ayuda al animal a sentirse tranquilo y a salvo junto a otro u otros semejantes.

DORMIR

Vemos a nuestro gato comer, acicalarse y jugar, no cabe duda, pero seamos sinceros: por más activo, joven y juguetón que sea, ¿qué es lo que más le pirra a nuestro amigo? ¿Cuál es la actitud en la que más veces le vemos a lo largo del día? ¡Exacto! Entregado a los brazos de Morfeo, es decir, dormido o «casi», como si lo estuviera. Duerme de día y también de noche. Sí, es cierto que también come e incluso juega en ambos momentos, pero ninguna otra actividad está tan repartida y presente a lo largo de las veinticuatro horas de cada jornada gatuna como el sueño.

Como en otras cuestiones, también los ritmos de sueño se han visto alterados al acostumbrarse el felino a la vida casera, con la comodidad y seguridad que esta aporta. Si hemos dicho que los gatos asilvestrados invierten de ocho a doce horas diarias en cazar, es una proporción similar la que destinan al sueño. Los gatos caseros, sin embargo, no necesitan consagrar tanto tiempo a la caza dado que tienen el plato de comida asegurado, por lo que tienen más tiempo libre para dedicarlo a lo que quieran. Y con lo bien que se está durmiendo... Es por eso por lo que nuestro gato pasa entre doce y dieciocho horas entregado al placentero descanso (llegando incluso hasta las veinte en cachorros y ancianos).

EL SUEÑO DE LOS GATOS

No está comprobado que los gatos sueñen, aunque los indicios apuntan a que es así, y que incluso pueden tener pesadillas. Caso de ser cierto, ocurriría durante la fase REM del sueño (la fase más profunda). El cuerpo del animal está relajado en estos momentos, aunque algunos indicios pueden llevarnos a pensar que pudiera estar viviendo un sueño. A veces podremos advertir movimientos esporádicos de las orejas, la cola o incluso la patas, y también podremos ver los ojos moviéndose bajo los párpados. También observaremos actividad en la boca, llegando a emitir algunos ronroneos o sonidos similares a un tímido intento de «conversación».

Algunas personas se preocupan al advertir este tipo de reacciones en sus gatos, temiendo que se trate de algún proceso grave que están sufriendo, pero no hay que tener miedo ninguno, son respuestas naturales a esa etapa profunda del sueño, y lo que no debemos hacer en ningún caso es asustar al animal despertándolo.

Ahora bien, ¿sabemos lo que sueñan? Eso ya es más difícil. A tenor del funcionamiento del cerebro felino, los científicos se inclinan por asegurar que sí sueñan —aunque aún no haya estudios concluyentes al respecto—, pero el objeto de esos sueños es una materia mucho más subjetiva, dado que hasta ahora ningún gato ha decidido compartir su experiencia tras despertar. Solo podemos suponer que, por nuestras distintas formas de percibir el mundo, es difícil pensar que un gato pueda experimentar sueños similares a los humanos.

Lo que sí parece desprenderse de la observación de estos animales es que podrían sufrir pesadillas. Esto podemos intuirlo de actitudes más inquietas en ciertos momentos del sueño, y sobre todo de las ocasiones en las que se despiertan asustados y algo desconcertados. Puede ser cierto o mera interpretación por nuestra parte. En cualquier caso, la mejor recomendación para el buen descanso de nuestro amigo es que lo dejemos tranquilo para que duerma a su ritmo y sin sobresaltos.

Durante los primeros días de vida, los gatitos duermen alrededor del noventa por ciento del día, y aunque nos parezca innecesario a tenor de su escasa actividad, en realidad sí que lo precisan, pues durante

el sueño liberan la hormona que estimula el crecimiento, por lo que tantas horas de sueño aseguran
un desarrollo adecuado. Por otro lado, tampoco es
que estén del todo inactivos. Si los observamos, veremos a los cachorros mover las patitas o estirar las
garras durante el sueño profundo. No es exactamente
que estén soñando, sino más bien haciendo «gimna-
sia de crecimiento»: se trata de ejercicios automáticos
necesarios para el correcto desarrollo del cachorro.

La vida de los gatitos se normaliza a partir de la
quinta o la sexta semana, cuando reducen de manera
notable el tiempo de sueño hasta, aproximadamente,
el sesenta y cinco por ciento del día. Ahora que ya
pueden moverse con soltura, ver y olisquear, hay algo
incluso mejor que el juego que los mantiene despier-
tos y activos: la curiosidad. Con el paso de los años
la situación revertirá, traduciéndose la disminución
de la actividad física en un aumento de las horas de
sueño, que llega a suponer hasta un ochenta o un
noventa por ciento de la jornada de un gato anciano.

Por otro lado, también es interesante observar
cómo el clima afecta a sus ritmos de sueño, igual que
nos ocurre a nosotros. Especialmente en el caso de
los gatos que viven en pisos, sin contacto con el exterior, el clima frío y especialmente el lluvioso los invi-
tará a pasar más tiempo durmiendo.

A algunas personas les sorprende, incluso les preocupa, que su gato pase tanto tiempo durmiendo. Pero
es algo natural, tanto, que incluso se señalan como
explicación directa motivos genético-evolutivos. Aunque tengan cada día un plato lleno de comida, ya hemos visto que los gatos siguen sintiendo su instinto
de predadores infatigables. Entienden que tienen la

obligación de cazar o simularlo, y una vez cumplida esta, el resto es «tiempo libre». Si tiene juegos, cosas que curiosear o un acompañante, se mantendrá activo, pero si por el contrario se aburre, la respuesta natural será echarse a descansar, y acabará durmiéndose.

¿Es malo dormir tanto? *A priori* no, tampoco vamos a acusar de perezosos a estos pequeños peludos, pero no debemos obviar que esta libre entrega al descanso persistente puede conllevar un riesgo de salud. Recapitulemos algunos cambios de conducta que ha conllevado adaptar a los felinos a la cálida y segura vida hogareña, especialmente si se trata de un piso, sin opción de salir a un jardín: no tienen que cazar para comer (es decir, se mueven menos) y a poco que nos maúllen les llenamos el plato (es decir, están sobrealimentados), suelen estar castrados (lo que potencia la acumulación de grasa) y si, además, se pasa dos tercios del día durmiendo... Podemos intuir que el fantasma del sobrepeso o la obesidad directamente comenzará a rondar a nuestro gato a poco que se convierta en adulto y vaya perdiendo la fogosidad de la juventud. ¿Tenemos alguna solución para esto? Claro, la hemos apuntado al hablar de otras cuestiones: un segundo gato. Sin duda habrá veces —muchas, sobre todo por la noche— que duerman a la vez, pero en otros momentos se reclamarán mutuamente para jugar, con lo que resolveremos el problema de la inactividad y la quema de calorías.

Hablemos brevemente, para terminar, del ciclo del sueño felino. En ocasiones se trata de fases de sueño profundo, pero la mayoría (en torno al setenta por ciento) son siestas ligeras de pocos minutos (conocidas como *cat nap*; no confundir con la hierba gatera, *catnip*), que podremos reconocer porque veremos que mantienen las orejas alerta, por si tienen que reaccionar en cualquier momento. Esta forma de dormir tiene su explicación genética en los ancestros que vivían en la naturaleza y podían ser atacados por un depredador en cualquier momento.

Si esa «cabezadita» se alarga más de los treinta minutos lo habitual es que el animal entre en la fase profunda de sueño (o fase REM), en la que podremos percibir que mantiene el cuerpo totalmente relajado, pero no nos engañemos: aunque esté descansando, su cerebro y sus sentidos siguen alerta, por lo que son capaces de reaccionar rápidamente si es necesario. En definitiva, si tomamos por caso un gato que duerma dieciséis horas diarias, alrededor de once serían de sueño ligero y las cinco restantes, profundo.

12

EL MARCAJE

Justamente durante el sueño podría decirse que es el único momento en el que el gato no lleva a cabo otra de sus actividades más habituales: el marcaje. Ya sea a través de la orina, los frotamientos o las marcas de arañazos, los felinos mantienen una comunicación social constante con la comunidad que los rodea. Es algo inherente al animal, es su forma de expresión básica.

El marcaje lo llevan a cabo con diversos propósitos, siempre con el fin de comunicar algo, como delimitar el territorio, los objetos o incluso otros animales (nosotros incluidos); avisar a las hembras de que hay un macho cerca dispuesto para la reproducción, establecer zonas de paso y juego o mostrar su disconformidad con alguna situación (esa problemática situación cuando el gato araña o ensucia con orina y excrementos toda la casa).

Ejecutan actos de marcaje durante todo el día y a

través de diversas técnicas, como los arañazos y la orina, aunque la reina sin duda es el marcaje a través de feromonas. Hablamos de unos compuestos químicos biológicos, principalmente formados por ácidos grasos, que se producen dentro del cuerpo de los animales. Los gatos cuentan con glándulas especiales en varias zonas del cuerpo para liberar esas feromonas —especialmente en la cola, en las patas, en la cara—, que también están presentes en la orina.

LAS FEROMONAS Y CÓMO PUEDEN AYUDARNOS

Ya sabemos que la principal función de las feromonas de los gatos es la comunicación entre ellos y el envío de señales de tranquilidad y seguridad (al margen de las que sirven para marcar territorio). Por eso van a sernos de mucha ayuda las feromonas artificiales que podremos encontrar en el mercado y que se recomiendan para tratar determinadas patologías o, sencillamente, para ayudar a que nuestro gato le pierda el miedo a su nuevo hogar o se encariñe con el nuevo rascador.

Uno de los casos donde más nos ayudarán estas feromonas es cuando nos encontramos con un gato agresivo. Tal vez no se deba a que sea así por carácter sino por una situación imprevista y nada agradable, como la llegada de un nuevo gato a casa. Tener que compartir espacio sabemos que no les gusta, y según sean las circunstancias, ese desagrado puede traducirse en agresiones serias al otro animal o a nosotros mismos.

Consultando siempre al veterinario para que nos guíe en la mejor opción, podremos recurrir a una versión de la denominada «feromona apaciguadora» para intentar apaciguar los ánimos. De este modo transmitiremos al animal un mensaje de seguridad y tranquilidad para intentar, trabajando con otras terapias, que poco a poco vaya sintiéndose cómodo en casa.

La alternativa a las feromonas en difusores es el *catnip* o hierba gatera, que además de otras funciones ayuda a calmar a los gatos agresivos y también a los hiperactivos. Y no solo podemos ponerla a su alcance para que la coman, también podemos frotarla contra muebles u objetos para que los perciban como agradables y seguros.

Estas sustancias constituyen en esencia señales químicas que son captadas por otros gatos y los ponen en guardia sobre la presencia en la zona de ese animal que las ha dejado. No siempre será igual el mensaje que reciban, para eso existen distintos tipos de feromonas, como las sexuales (que alertan de que el animal está en celo y buscando pareja), las territoriales y de marcaje o las de afecto y tranquilidad.

Las principales glándulas productoras de feromonas se encuentran en la cabeza: en las mejillas, el mentón, los labios y los bigotes. Hasta el momento se han llegado a identificar hasta cinco feromonas faciales diferentes segregadas por las mejillas de los gatos, todas ellas relacionadas con el marcaje territorial y la comunicación con otros gatos.

TERCERA PARTE

LA SALUD
DE NUESTRO
GATO

Ya sabemos que son independientes y muy limpios, pero también hemos visto que al convertirlos en animales caseros hemos ido cambiando muchos de los usos y costumbres naturales de los gatos. Eso por no hablar de la multitud de razas de diverso pelaje y características que han ido surgiendo por mediación del ser humano y que ha dado como resultado gatos muy elegantes y originales, pero también especialmente sensibles.

Por todo ello, tan importante como cuidar su alimentación, su entretenimiento o el cepillado diario, es estar pendiente de la salud de nuestro felino. No nos referimos solo a cuando se ponen enfermos, sino precisamente a tener una rutina de observación y cuidados para evitar que lleguen a contraer cualquier mal. Visitar al veterinario con regularidad, seguir el calendario de vacunación o atender a posibles síntomas que apunten a la incubación de alguna enfermedad, ya sea de índole física o emocional, nos ayudará a mantener al pequeño miembro de la familia sano y feliz, y a evitar desagradables imprevistos.

Vamos a ver a lo largo de las siguientes páginas cuáles son las principales cuestiones que no debemos pasar por alto en esta materia. Porque hay algo que no debemos olvidar nunca: el veterinario es alguien fundamental en la vida de nuestro gato, pero no hay nadie más importante para garantizar su buena salud que nosotros, los que convivimos con el animal y lo tratamos día a día.

13

EL VETERINARIO, EL SEGUNDO «MEJOR AMIGO» DE
NUESTRO GATO

Cuando tenemos un animal en casa y observamos síntomas de que está enfermo, no lo dudamos y acudimos rápidamente al veterinario. Pero ¿cuándo volvemos a visitarlo? ¿Cuándo vuelva a ponerse enfermo? Gran error. Una vez más, nuestros animales de compañía reflejan un comportamiento similar al nuestro, y una revisión periódica también ayuda a mantener un control de su estado general y prevenir así posibles enfermedades o complicaciones. Todos los especialistas recomiendan visitar al veterinario al menos una o dos veces al año para un chequeo general (amén de la dosis correspondiente de vacunas, pero ya llegaremos a eso). Ya sabemos que a nuestros amigos les gusta poco salir de casa, y menos aún ir a un lugar extraño a que un desconocido los manosee. ¿Cómo afrontamos pues la visita al veterinario? Empecemos por la primera experiencia.

LA PRIMERA VISITA

Nuestro gato, cachorro o adulto, acaba de llegar a casa. Tenemos listo el arenero, el rascador, la cama, comida y agua... Perfecto. Pero aún hay algo muy importante que debemos hacer lo antes posible y es preparar su primera visita al veterinario. No lo haremos de manera inmediata, lo ideal es esperar una o dos semanas hasta que se haya habituado a su nuevo hogar antes de estresarlo —porque se estresará— con una nueva salida al exterior. ¿En función de qué variará ese tiempo que podemos esperar hasta la primera visita? De la edad del animal, porque si se trata de una cría la primera revisión debería ser alrededor de las ocho semanas, dado que a los tres meses habrá que ponerle las primeras vacunas, y el refuerzo, tres meses más tarde.

Si se trata de un adulto, ¿también es importante esa primera visita al especialista? Sin duda, para que podamos quedarnos tranquilos de que el nuevo miembro de la familia está completamente sano. Además, dado el carácter timorato y desconfiado de estos animales, no es ninguna tontería apuntar que deben hacerse buenos amigos, dado que el veterinario será una persona a la que verá con cierta regularidad y no precisamente para jugar con él, así que es bastante relevante que vayan poco a poco creando un vínculo entre ellos.

El profesional llevará a cabo una revisión general del animal, y si no hay nada destacable, procederá a desparasitarlo, algo especialmente importante si el felino procede de un refugio o, más aún, si lo hemos recogido de la calle. Pero antes incluso de llegar a ese acercamiento abrirá la correspondiente ficha para poder disponer de los datos más destacables que le permitirán tomar, si es necesario, las pertinentes decisiones: nombre, raza, edad, origen, alimentación...

La mencionada revisión será a fondo —orejas, dientes, ojos, pelaje, garras—, en busca de posibles lesiones o parásitos externos. Lo medirá, lo pesará y auscultará corazón y pulmones. Revisado y desparasitado, podremos irnos tranquilos a casa con la cartilla de nuestro gato y una información importante: cuándo deberemos empezar con las vacunas. De eso hablaremos en el siguiente punto.

No obstante, como es lógico, las visitas al veterinario no se restringirán a esas revisiones y al calendario de vacunas. Deberemos estar siempre atentos a síntomas o indicios de que nuestro gato no se encuentra tan bien como debería, y de ser así, llamar de inmediato a su especialista para solicitar una consulta. ¿De qué tipo de situaciones hablamos? Habrá algunas más evidentes, por ejemplo, un golpe o traumatismo, observar parásitos externos (garrapatas, pulgas) o internos (larvas en las heces), orinar sangre, vómitos o diarreas continuados... Otras son más cuestión de observación y sentido común, como cuando pasa varios días sin comer, visita a menudo el arenero sin hacer nada o su carácter cambia de manera repentina y sin aparente motivación.

SÍNTOMAS DE UN GATO ENFERMO

Puede que nosotros mismos podamos atender a nuestro compañero si se encuentra mal, o tal vez sea necesario llevarle a la clínica veterinaria, pero lo primero es determinar si efectivamente se encuentra mal. Hay indicios inequívocos, pero otros pueden resultar engañosos y hacernos sacar conclusiones erróneas. Intentaremos aclarar esas situaciones.

CONDUCTA IRREGULAR

¿Duerme más de la cuenta? ¿Come poco o directamente no tiene apetito? ¿Apenas bebe? Debemos conocer cuáles son los comportamientos habituales de nuestro gato para poder advertir este tipo de cambios, dado que pueden suponer señales de alarma importantes. ¿Por qué un gato se negaría a comer y beber de un día para otro? Tal vez porque ha tomado algo en mal estado o directamente nocivo para su salud y los daños internos que siente le llevan a temer cualquier otra ingesta.

NÁUSEAS

No tienen por qué ser señal de enfermedad. Recordemos la hierba gatuna y la necesidad de los gatos de purgarse, lo que conlleva regurgitaciones. Aquí es

donde entra en juego nuestro sentido común para di-
lucidar las náuseas irregulares y, por tanto, preo-
cupantes. ¿Vomita varias veces el mismo día? Quizás
se haya intoxicado. ¿Tiene arcadas, pero no vomita
nada? Tal vez se trate de una obstrucción estomacal.
En cualquiera de esos casos, deberemos acudir al veterinario lo antes posible.

ORINA Y HECES

Como en el caso de la alimentación, el primer paso en
este punto es controlar si mantiene una frecuencia
media. Cuidado, que no tiene nada que ver que le oi-
gamos enredar en la bandeja de arena, precisamente
una señal de alarma es la visita habitual al arenero, sin
llegar a hacer nada, lo que podría apuntar algún problema de vejiga o renal. En la misma línea irían conductas impropias de nuestro gato como orinar fuera de
su bandeja. Finalmente está la observación directa de
la orina y las heces, que puede revelarnos la presencia
de sangre.

FIEBRE

La temperatura media de los felinos es ligeramente superior a la de los humanos. Suele estar entre
37,5º y 39º, por lo que si supera esta última marca
estaría presentando ya febrícula y sería necesario
acudir al veterinario. ¿Y cómo podremos intuir ese
cambio de temperatura? El método más directo y
seguro es sin duda tomarle la temperatura vía anal.
No obstante, también podremos observar detalles
como una pérdida de brillo en su manto o un hocico
seco y caliente.

ALIENTO

Si solemos jugar con él y tener su cara cerca de la nuestra sabremos que los gatos no tienen un aliento especialmente agradable... ni tampoco irrespirable. Por eso será fácil identificar un aliento especialmente desagradable, que puede ser indicador de problemas renales o, más frecuentemente, dentales. Más singular —y alarmante— es el aliento afrutado, luz roja de una posible diabetes.

PICORES

Aquí tenemos el caso más directo de causa efecto: si el animal se rasca mucho es señal de que hay parásitos externos mordisqueándolo: pulgas, garrapatas... El veterinario nos dirá cómo actuar.

PETICIÓN DE AYUDA

Ya hablamos de esto al abordar el lenguaje felino: si nuestro gato es especialmente ruidoso con sus ronroneos al llamar nuestra atención es algo similar a cuando nosotros elevamos la voz —o incluso gritamos— pidiendo ayuda. Algo le pasa, o más aún, le duele, y trata de comunicárnoslo a su manera. Algunas especies más «habladoras» pueden combinar ese ronroneo excesivo con maullidos lastimosos, que serán incluso más efectivos a la hora de hacernos entender que algo les aflige.

EL TRANSPORTÍN, EL TERCERO EN LA RELACIÓN

Si hablamos con personas que tengan gatos en casa, seguro que varias de ellas, tal vez la mayoría, nos contarán que cada visita al veterinario supone todo un acontecimiento. A pocos gatos les gusta que los obliguen a salir de su territorio, dejar el lugar que conocen y controlan, por lo que el traslado de casa a la clínica suele suponer una odisea. Pero podemos ayudar a que esos viajes resulten menos traumáticos y que el pobre no lo pase tan mal al llegar a aceptar la situación.

Si antes hemos dicho que es bueno fomentar la creación de un vínculo entre el gato y el veterinario, un paso para lograrlo es ayudar a que el animal se familiarice y le pierda el miedo al transportín. Tengamos en cuenta que los gatos recuerdan situaciones, especialmente si estas no han sido de su agrado, y son conscientes de cuándo estas pueden repetirse, así que, si cada viaje es un trauma para él, resulta lógico que salga a esconderse como un rayo en cuanto nos vea asomar con el transportín en la mano.

Evitar algo así es tan sencillo como hacer que se encariñe con su cama o su rascador: no podemos sacar el transportín minutos antes de salir hacia la clínica veterinaria y pretender que el gato entre en él encantado. Lo ideal es tenerlo a su alcance por la casa un par de días antes, dejando en su interior alguna de sus mantas o juguetes. También podemos ponerle dentro comida o algunas chucherías. La idea es que poco a poco perciba el transportín como un lugar cómodo, agradable y, sobre todo, seguro. De este modo, a pesar de los viajes que haga en él, su percepción no será del todo negativa, ya que también le ofrecemos experiencias positivas en su interior.

¿Y si no hay tiempo para esa preparación? En ese caso un espray de feromonas puede ayudarnos de manera exprés a conciliar al animal con el objeto (aunque no de manera tan efectiva). Por otro lado, durante el trayecto al veterinario también podemos ir reforzando su tranquilidad, premiándole con alguna chuchería de vez en cuando si va callado y tranquilo e ignorándolo si está maullando o revolviéndose. Debemos hacer ese camino lo más tranquilo posible, sin agitar demasiado al animal, y una vez en la clínica, y sobre todo al volver a casa, regalarle todos los mimos y caricias. Se los habrá ganado.

¿CÓMO DESPARASITAR A UN GATO?

Como otros animales, los felinos pueden verse afectados por parásitos internos y externos, y para tratar todos ellos tenemos a nuestra disposición diversos productos en distintos formatos. Como siempre, el veterinario será nuestro mejor guía a la hora de decidirnos por la mejor opción. Si así lo preferimos, podrá encargarse personalmente de la desparasitación.

Pero de cara a tener un conocimiento básico del tema, vamos a ver cómo podríamos llevar a cabo nosotros mismos esa desparasitación de nuestro gato.

Para empezar, debemos saber que hablamos tanto de parásitos externos (pulgas, garrapatas, piojos...) como internos, entre los que destacan los gusanos (en intestino, pero también en pulmones y corazón). Recordemos también que desparasitarlo será lo primero que deberemos hacer cuando un gato nuevo llegue a casa, atendiendo con cuidado a su edad en el caso de los cachorros: a partir de las tres semanas ya podemos proceder a la desparasitación interna, y para estos casos de cachorros tenemos a nuestra disposición formatos más aptos como jarabe o pasta (para la desparasitación interna) y aerosol (para la externa). Y para los adultos, ¿con qué recursos contamos? Vamos a verlos.

PIPETAS

Es el recurso más habitual, pues su uso es realmente sencillo. Basta abrir bien el pelaje en un punto de la cabeza del gato al que este no llegue con las patas, romper el extremo superior del dispositivo de plástico y dejar caer el líquido desparasitador sobre la piel. Tarda de uno a dos días en hacer efecto y la protección dura de cuatro a seis semanas.

PASTILLAS

Aunque las hay para combatir las pulgas, lo habitual es que los medicamentos en pastillas o comprimidos se empleen para la desparasitación interna. Actúan rápido, pero solo sirven para solucionar el problema presente, es decir, no tienen efecto preventivo.

PULVERIZADOR

Son los más rápidos para luchar contra pulgas y garrapatas. Rociamos con él todo el cuerpo del animal y su efecto protector llega a alcanzar las cuatro semanas. Eso sí, recordemos al administrarlo hacerlo en una habitación bien ventilada.

COLLARES

Hay quien prefiere dejarse de líos y optar por este sistema, que consiste simplemente en colocarle un collar al animal, con efectos —no inmediatos, hay que esperar alrededor de un día— que pueden ir de los cuatro a los ocho meses según el modelo. Ofrece sin embargo algunos inconvenientes a tener en cuenta, como el hecho de que a nuestro gato no le guste llevar el collar puesto o que pueda llegar a engancharse con él (por eso conviene decantarse por los que incorporan dispositivo antiasfixia). No debemos olvidar que no pueden emplearse en gatos menores de diez meses.

Como siempre, a la hora de emplear cualquiera de estos sistemas de desparasitación debemos seguir las indicaciones del veterinario, ya que es muy importante aplicar las dosis indicadas para evitar complicaciones, que pueden llegar a la intoxicación del animal.

14

LA IMPORTANCIA DE
LA PREVENCIÓN

E ste tema se presta a pocas bromas: una vacunación adecuada es la forma más efectiva de prevenir que nuestro gato sufra algunas enfermedades realmente graves. Como ocurre con los humanos, serán obligatorias según nuestro lugar de residencia. Según el caso, una vez más deberemos dejarnos aconsejar por el veterinario y nuestro propio sentido común para decidir cuáles debemos poner a nuestro amigo. Dada la importancia del asunto, vamos a verlo con más detalle.

Aclaremos en primer lugar por qué una vacuna puede ser obligatoria en un país y no en otro. A priori, por una simple cuestión de existencia de enfermedades endémicas concretas que estén vigentes en un sitio y erradicadas en otro. Pero no deberemos preocuparnos. En esa primera visita al veterinario que comentábamos en el punto anterior, él nos explicará cuáles son las vacunas obligatorias en nuestro lugar de residencia y, si fuera el caso, cuáles no siéndolo sí que nos recomienda poner a nuestro gato. En esa primera visita aún no podremos vacunarlo de nada, ya que lo primero es asegurar que el animal está desparasitado y que su sistema inmune está en condiciones de recibir y adaptar la citada vacuna.

Esa es la razón de que siempre se recomiende esperar hasta la sexta o séptima semana de media —en esencia, hasta el destete— para poner la primera vacuna, tiempo en el que se considera que el sistema inmunológico del cachorro es medianamente maduro. Para entonces comienzan a desaparecer las defensas que la madre le ha ido proporcionando durante la lactancia, por lo que requiere ya el refuerzo adicional que proporciona la vacunación. Para evitar quebraderos de cabeza, muchos especialistas redondean a los dos meses para pedir la cita correspondiente.

LAS EDADES DE LOS GATOS

¿Hasta qué edad podemos considerar que un gato sigue siendo cachorro? ¿Cuándo vive su periodo de plenitud juvenil y cuándo alcanza la vejez? Como cualquier otro animal, también los felinos van evolucionando con el paso de los años, y, en su caso concreto, los especialistas han llegado a señalar hasta seis etapas de crecimiento (aunque haya algunas discrepancias en lo referente a los periodos concretos).

PERÍODO NEONATAL

Alcanza los primeros nueve/diez días de vida del cachorro. Depende por completo de su madre, con los sentidos aún por «desperezarse», sin visión y con el sistema locomotor muy limitado.

PERÍODO DE TRANSICIÓN

Alcanza los cinco días siguientes, hasta la quincena de vida. Por fin puede ver y oír, y va ganando movilidad.

PERÍODO DE SOCIALIZACIÓN

A partir de las dos semanas de vida el gatito empezará a pasarlo bien con sus hermanos, jugará casi todo el tiempo, y, sobre todo, empezará esa etapa fundamental para su futuro que ya hemos comentado que es la socialización. Así, no solo se relacionará con su madre y hermanos, sino también con otros animales y seres humanos que lo rodeen. Este periodo se extiende aproximadamente hasta los dos meses.

PERÍODO JUVENIL

Entre los dos y los seis meses observaremos un crecimiento importante en el gatito, hasta el punto de que ya podremos hablar de un joven adulto. En esencia, en esta etapa alcanzará el que va a ser su tamaño definitivo, aunque según la raza dejarán de crecer un poco antes o después. También observaremos que su carácter se calma un poco, aunque el juego seguirá siendo vital en su día a día.

PUBERTAD

Alrededor de los seis meses (sobre los siete en el caso de las hembras), comienza a evidenciarse la conducta sexual del animal, lo que marca el comienzo de su pubertad, y una vez más podemos hablar de semejanzas entre felinos y humanos. Sí, efectivamente, en esta etapa el gato estará especialmente desobediente, decidido a ir a su aire, curiosear, experimentar y descubrir la vida por su cuenta. Al menos, no nos pedirá la paga ni el coche.

EDAD ADULTA

Poco a poco, ese carácter rebelde y excitado se irá calmando, y nuestro amigo irá descubriendo el placer de una sesión de mimos y caricias o de ver la televisión desde nuestro cálido regazo. Para entonces su carácter ya se habrá forjado por completo y presentará un temperamento más tranquilo. ¿Cuánto tarda un gato en alcanzar esta madurez? Pues depende: la madurez física suele ser plena al cabo del año, pero la «edad del pavo» felina puede extenderse hasta los tres.

EL CALENDARIO DEL PRIMER AÑO

Lo primero que debemos saber si residimos en España es que no existen vacunas obligatorias para los felinos domésticos. Eso significa que será nuestro veterinario quien elabore el calendario que considere más apropiado para nuestro gato una vez lo haya reconocido y valorado los posibles riesgos o problemas de salud. A tenor de esa decisión que se tome, estas son las fechas que actualmente se manejan, empezando por la primera desparasitación al mes y medio de vida, que permitirá así empezar con el proceso dos semanas después:

DOS MESES

Test de leucemia e inmunodeficiencia. Primera dosis de trivalente, que protege al animal frente a dos de las enfermedades respiratorias más comunes entre los felinos, la rinotraqueítis y la calicivirosis. Además, también actúa contra la panleucopenia, enfermedad que ataca al sistema digestivo y sanguíneo.

DOS MESES Y MEDIO

Primera dosis contra la leucemia felina.

TRES MESES

Revacunación de la trivalente.

TRES MESES Y MEDIO

Revacunación de la leucemia.

CUATRO MESES

Primera vacuna contra la rabia. Muchas personas la ven innecesaria al tratarse de una enfermedad sin incidencia en España —erradicada desde 1978—, sin embargo, es muy recomendable en el caso de gatos que salen al exterior y que pueden mantener contactos no controlados, al tratarse la rabia de una zoonosis —que se transmite a los humanos— muy grave. Es muy difícil que nuestro gato se contagie de rabia, cierto, pero en caso de ocurrir sería terrible, pues nos veríamos obligados a sacrificarlo. Así que más vale prevenir...

Completado este ciclo, el veterinario «refrescará» cada una de estas tres vacunas una vez al año.

15

ENFERMEDADES
MÁS HABITUALES

Los felinos no son unos animales especialmente propensos a sufrir enfermedades, aunque algunas razas sí sean algo más delicadas. No obstante, precisamente para prevenir posibles casos, no viene nada mal saber cuáles son los males más habituales, que en buena parte de los casos están causados por virus. Por eso la mejor prevención es siempre visitar cada seis meses al veterinario para comprobar que nuestro pequeño amigo se mantiene en buena forma, y en el caso de detectar algún indicio, poder reaccionar antes de que vaya a más. Pero empecemos por repasar cuáles son los problemas de salud más comunes —y menos graves— en los gatos domésticos.

RESFRIADO

Los gatos son muy sensibles a los cambios de temperatura, de ahí que puedan constiparse debido a los fríos del invierno, igual que en verano como consecuencia de alguna corriente de aire o un cambio brusco de temperatura (como salir a jugar tras estar bajo el aire acondicionado). No es un mal que requiera muchos cuidados, y puede depararnos alguna sonrisa maliciosa ante su forma de estornudar. Pero ojo, si tenemos más de un gato es muy fácil que «el moquillo» se contagie.

OBESIDAD Y SOBREPESO

Ya hemos tratado este tema y no es en absoluto una cuestión estética. La obesidad es un problema muy frecuente en los gatos domésticos, habitualmente castrados, lo que acentúa el problema. Como en el caso de todas estas enfermedades, el especialista nos ofrecerá las recomendaciones pertinentes, pero ya hemos visto que la mejor forma de prevenir este mal es ayudar con juegos para que nuestro gato no se entregue a una vida sedentaria.

ALERGIAS

Plantas, polen, hongos, perfumes, alimentos, picaduras... Los gatos también se parecen a nosotros en lo que se refiere a las alergias que pueden llegar a padecer. Una vez hayamos advertido posibles síntomas (estornudos, tos, secreción nasal y ocular...), el veterinario podrá determinarla realizando las pruebas correspondientes, y a tenor de los resultados nos indicará las medidas a adoptar.

OTITIS

Es tan común en los gatos como en los perros, y por suerte, igual de fácil de tratar en ambos casos, siempre siguiendo las indicaciones del especialista.

CONJUNTIVITIS

Los gatos son proclives a sufrir este mal dado que son animales con una delicada salud ocular. Por suerte, es bastante sencillo de tratar.

ENFERMEDAD PERIODONTAL

Las enfermedades bucales también son frecuentes en los felinos, especialmente en los adultos y ancianos. La enfermedad periodontal hace referencia a varias infecciones que afectan a las encías y a la estructura ósea a la que los dientes están ligados. Cuando la revisión correspondiente arroja resultados de gravedad, el veterinario puede recurrir a antibióticos específicos para eliminar y controlar el avance de las bacterias y, en ocasiones, es posible que sea necesaria la extracción de algún diente.

EL PROBLEMA DE LAS BOLAS DE PELO

Al abordar el proceso de limpieza y «engalanamiento» de nuestro gato ya hicimos referencia al problema del pelo muerto que arrastra con su áspera lengua, pelo que no es capaz de escupir y que termina ingiriendo. Una vez en el estómago, se va acumulando para ser expulsado más tarde a veces en las heces y otras llega a hacer vomitar al animal las famosas —y molestas— bolas de pelo. Pero ojo, porque en ocasiones no son capaces de deshacerse de ellas y se quedan obstruidas en el intestino, derivando en problemas graves como un estreñimiento severo que nos obligarán a consultar al especialista. Por eso volveremos a insistir en la importancia de ayudar a nuestro gato en la labor de acicalamiento con un cepillado diario, lo que evitará que trague ese pelo muerto.

Por otro lado, advertiremos que este problema no es igual en todas las épocas del año. Primavera y otoño son las estaciones en las que el animal muda el pelaje, por lo que habrá mayor riesgo de que trague pelo en exceso. Por otro lado, en climas especialmente cálidos, el calor también le acentuará el problema al llegar el verano.

Como hemos apuntado, lo habitual es que expulsen ese pelo en las heces, y para ayudarle podemos recurrir a la hierba gatuna (catnip), que le permitirá purgarse cuando sienta la necesidad (además de disfrutar de uno de sus festines favoritos); la valeriana es otra planta que le ayudará a aliviar el malestar mordisqueándola. También podemos recurrir a la vaselina o la malta: untamos un poco en la pata del animal, él tardará poco en lamerse ante la necesidad de «limpiarse», y poder ingerir el producto le ayudará a disminuir el estreñimiento durante la expulsión del pelo gracias a la grasa de esas aplicaciones. También existen algunas golosinas rellenas de malta que podemos ofrecerle a modo de premio de vez en cuando previniendo al mismo tiempo el problema del pelo que haya tragado.

En ocasiones, sin embargo, pueden darse las citadas obstrucciones, por eso es importante que estemos siempre atentos al comportamiento de nuestro compañero, por si advirtiésemos las consabidas señales de que algo no anda bien (inapetencia, irregularidad en sus deposiciones, desánimo...). Pero ¿cómo saber si esas señales se deben específicamente a una indigestión capilar? Arcadas, estreñimiento, regurgitaciones, vómitos de líquido y comida... Si uno o varios de estos síntomas se mantienen durante más de cuarenta y ocho horas, deberemos consultar al veterinario.

Vistos estos casos más habituales y controlables, veamos otras enfermedades comunes a los felinos, pero de bastante más gravedad.

LEUCEMIA

Esta enfermedad vírica, que suele afectar más a las crías y jóvenes, es una de las más graves por la facilidad con la que se transmite —por contacto con fluidos corporales— y el alcance de sus daños, que pueden llegar a provocar la muerte. La vacunación correspondiente es la mejor manera de prevenirla, así como controlar con qué otros iguales se relaciona nuestro gato, para evitar que tenga contacto con posibles individuos ya enfermos.

INMUNODEFICIENCIA

Se la conoce como el sida felino y se transmite a través de la mordedura entre gatos, lo que conlleva que afecte más a los adultos no esterilizados que suelen protagonizar pequeñas «escapadas». El sistema inmunitario del animal se desmorona y son las pequeñas pero numerosas enfermedades secundarias las que pueden terminar causando la muerte. Por el momento no existe una vacuna.

RINOTRAQUEÍTIS

Hablamos en este caso de un virus que provoca infecciones en el sistema respiratorio, registrado especialmente en gatos jóvenes no vacunados. Se contagia a través de fluidos diversos, como secreciones nasales y saliva, y aunque no existe un tratamiento específico, sí que podemos prevenir este mal con la vacunación adecuada, por lo que es importante no pasarla por alto.

PANLEUCOPENIA

Algunos denominan esta enfermedad como «moquillo felino», aunque otros también la conocen como una menos agradable «gastroenteritis infecciosa». Estamos ante otro mal vírico que afecta con mayor gravedad a los gatos más jóvenes, con síntomas tan alarmantes como fiebre, vómitos, diarrea, depresión, deshidratación o anorexia. La razón de todos estos indicios la encontraremos una vez se le realice un análisis de sangre al pequeño, cuando observaremos una drástica caída de leucocitos y glóbulos blancos. La panleucopenia resulta mortal, por lo que la primera medida a tomar en cuanto sepamos que un gato la padece es mantenerlo separado de otros si tenemos varios en casa. La mejor medida vuelve a ser la prevención a través de la vacunación, porque, llegado el caso, el tratamiento necesario puede llegar a ser enredoso y desagradable, con antibióticos e hidratación intravenosa.

CALICIVIROSIS

Estornudos, fiebre, salivación, úlceras y ampollas en la boca y la lengua... Mucho cuidado con esta enfermedad, porque es una de las graves más extendidas y conlleva una mortalidad bastante alta. De hecho, hablamos de la causa de alrededor de un cuarenta por ciento de los casos de infecciones respiratorias felinas. Con la medicación y cuidados pertinentes podrá superarla, pero ya será portador de la misma para toda su vida, por lo que es muy importante evitar el contacto con otros gatos.

RABIA

Como hemos comentado, por suerte esta enfermedad está erradicada en España, pero no hay que obviarla porque está extendida por todo el mundo y resulta de transmisión relativamente fácil—a través de la saliva inoculada con la mordedura de un animal infectado— entre diversas especies de mamíferos, incluidos los humanos. Por suerte, manteniendo la vacunación correspondiente no hay que temer el contagio.

16

LA DEPRESIÓN

Algunos dicen que, precisamente por ser seres con tanta personalidad, los gatos son especialmente propensos a sufrir depresiones. Como animales sociales, al igual que las personas, son muy sensibles a los problemas emocionales. Por eso es importante saber detectar cuándo se encuentran mal para poder ayudarlos. Porque los animales en general y los gatos en particular, por más que a algunos les resulte ridículo, pueden llegar a sufrir una tristeza a la altura de la melancolía de los escritores decimonónicos. Algunos amantes y estudiosos de los felinos apuntan precisamente que esa tendencia al laconismo, además de su gusto por la independencia y la soledad, es lo que acabó convirtiendo a los gatos en los animales de compañía predilectos de los escritores.

Detectar que una persona —no digamos un artista— anda triste puede resultar tan sencillo como preguntarle u observar si anda cabizbajo, silencioso o tal

133

vez, llorando. ¿Y en el caso de los gatos? También hay indicios: más horas de sueño, desgana por la comida y el juego, disminución de la curiosidad, dejadez en el acicalado y afilado de las uñas, cambios en el carácter (más agresivo), demasiado tiempo escondido... Pero, ¿qué puede sumir a nuestro alegre compañero en una depresión? Repasemos algunas de las causas más comunes en los felinos caseros.

ESTRÉS Y ANSIEDAD

El gato, ya lo hemos apuntado, es un animal especialmente sensible. Una bronca, una prohibición, el castigo físico o impedirle realizar alguna acción natural puede traducirse en altos niveles de estrés y ansiedad.

LA SOLEDAD

Ser animales solitarios no significa que no les afecte la soledad no buscada. Una cosa es aislarse de manera voluntaria por un rato para estar tranquilos y otra muy diferente sentirse abandonado. En caso de que advirtamos que nuestro gato anda afectado por la soledad deberemos esforzarnos en ofrecerle muestras de afecto y cariño, además de pasar jugando con él todo el tiempo posible.

CAMBIO DE RESIDENCIA O DE FAMILIA

¿A quién no le afecta una mudanza o no poder estar con los seres queridos? Pues imaginemos esas mismas situaciones siendo, además, especialmente sensibles a los cambios. Hay gatos que lo pasan realmente mal en esos casos, por lo que habrá que estar atentos a las señales que pueda darnos en ese sentido para poder reaccionar.

MALAS RELACIONES

Puede que sea con otro animal de la casa o con alguno de nosotros, solo hace falta que el gato se sienta amenazado o ignorado por uno de los miembros de la familia para que comience a ofrecer signos de apatía y decaimiento.

CELOS

Es normal que, si adoptamos un nuevo animal de compañía, o más aún, si llega un bebé a la familia, le dediquemos buena parte de nuestro tiempo y carantoñas. Nuestro gato será muy consciente de que ha dejado de ser «el rey de la casa», y algunos podrían llevar mal ese desplazamiento. Por eso es importante no dejarlo de lado y hacerle sentir que sigue siendo querido y parte de la familia.

Si observamos en nuestro amigo signos de apatía, desgana e incluso estrés, debemos intentar identificar qué ha podido afectarle para llevar a ese cambio de actitud. Probablemente podamos solucionarlo prestándole un poco mas de atención y dedicándole más mimos y caricias, pero si persiste en esa melancolía, tendremos que acudir al especialista.

NO LO ESTRESES

En cualquier animal —humanos incluidos— el estrés es una respuesta del cuerpo a situaciones que percibimos como posibles amenazas o riesgos. Ante esos problemas, el organismo segrega hormonas y se activa para resolver la situación lo más rápido posible. Pero, como sabemos, las soluciones no siempre están en nuestras manos y es entonces, al no poder adaptarnos a la situación, cuando el cuerpo es incapaz de recuperar su estado natural de tranquilidad y se desata el estrés.

Tan amantes de la rutina y de las situaciones controladas, los gatos son especialmente susceptibles de sufrir estrés, aunque no todos los animales reaccionarán igual ante la misma situación. ¿Cuáles son las que podrían causar estrés en nuestro gato? Entre las más habituales podemos señalar: falta de limpieza en arenero o comedero, manipulaciones o inmovilizaciones forzadas, situaciones conflictivas, castigos severos, una socialización temprana inadecuada, dolor o miedo, aislamiento o el hacinamiento, interacciones sociales bruscas o desagradables y, por supuesto, los cambios de rutinas.

Hagamos ahora otra lista, esta vez de los síntomas comunes de un gato estresado: realiza sus necesidades fuera del arenero, conductas compulsivas (como acicalarse en exceso o la contracción espasmódica de los músculos), comportamientos agresivos, falta de apetito, abrir la boca de manera exagerada o continua.

Si la causa del estrés ha sido puntual es posible que podamos solucionarlo sin necesidad de recurrir a fármacos, pero es importante consultar al especialista, que nos dará las indicaciones precisas para intentar devolver la calma a nuestro amigo.

Para eso será importante generar un entorno seguro en casa, garantizándole un espacio independiente para su tranquilidad. Deberemos reforzar la presencia de juguetes y de rascadores, creando así un ambiente agradable y estimulante. Si interactúa con ellos o acepta nuestras caricias, le premiaremos para reforzar esa actitud, siempre con paciencia y cuidado, subrayando la confianza que queremos que recupere en nosotros. Junto al veterinario, iremos controlando que poco a poco nuestro gato vuelva a ser el de siempre, dado el peligro que conlleva un estrés continuado o crónico, que no solo puede alterar la conducta del animal, sino incluso llegar a generarle otros problemas de salud.

NUESTRO GATO EN EL DIVÁN

Veamos con un poco más de detalle qué podemos hacer si observamos indicios de que nuestro amigo sufre depresión. Sea cual sea la causa, es evidente que necesita cariño y comprensión. Hablarle es un buen principio. No nos entiende, de acuerdo, pero una voz suave y con tono cariñoso le apaciguará.

También será muy beneficioso el contacto directo, el roce piel con piel, que será la guinda de las caricias y masajes que le dediquemos, que suponen siempre la mejor terapia. Por último, cómo no, está el juego. Deberemos dedicarle algo más de tiempo del habitual a interactuar y jugar juntos, premiándole con golosinas si se esfuerza en la caza de sus peluches, estimulándole así a seguir moviéndose y sentirse útil.

Pero ¿y si la depresión del animal es más grave de lo que creemos? En esos casos puede que el veterinario nos recomiende un tratamiento con antidepresivos desarrollados especialmente para animales, que administraremos con extremo cuidado dado que pueden llegar a crear adicción como ocurre con los seres humanos.

¿QUÉ PASA EN
VACACIONES?

Es una pregunta que deberíamos plantearnos al decidir si queremos un animal de compañía y de qué tipo: ¿Nos gusta viajar? ¿Pasamos a menudo varios días fuera de casa? Algunas personas pasan por alto esta cuestión hasta que llega julio, se acerca el día de salida hacia dos semanas de diversión y relax lejos de casa y entonces se preguntan: ¿qué hago con mi gato?

Tengamos algo claro: no es una mera cuestión de darles de comer. Los gatos, ya lo sabemos, son unos animales inteligentes, y por muy salvaje que siga siendo su ADN, llevan miles de años a nuestro lado, por lo que han terminado estableciendo unos vínculos muy especiales con nosotros. En ese sentido, reconocen perfectamente a la familia humana que los rodea y terminan elaborando sus propios recuerdos de sus miembros. De ahí que los gatos, al contrario de lo que a veces se piensa, echen de menos a sus dueños y su casa. Se han dado muchos casos de animales que, al ser abandonados, extrañan de tal manera a su familia humana y su hogar que terminan por dejarse morir, negándose a comer hasta enfermar.

¿PUEDES CUIDAR DE MI GATO?

Como hemos podido comprobar, la independencia de los felinos supone una gran ayuda para el día a día, dado que no tenemos que preocuparnos por sacarlos a hacer sus necesidades, lavarlos o ponerles de comer varias veces. También podemos ausentarnos un día entero y se las apañarán sin problema, incluso un fin de semana, aunque esto no es recomendable (nos echará mucho de menos y eso podría generarle estrés). En esos casos bastará con asegurarnos de que el animal tendrá comida, agua y juguetes a su alcance, y la arena bien limpia.

Pero ¿no habíamos dicho que podíamos ponerles comida y agua, y ellos se administraban? ¿Por qué entonces no podemos dejarles provisiones para varios días? Porque al quedarse solos puede que eso afecte a su carácter, que la ansiedad y el estrés les lleve a comer de manera compulsiva o justamente a no querer comer. Dejarles comida y agua de sobra no es suficiente.

Así que vayamos al caso complejo: tenemos que pasar varios días, quizás semanas fuera de casa. Al contrario de lo que ocurre con los perros, que nos acompañarán encantados a la playa o la montaña, nuestro gato preferirá no ir con nosotros ni al parque de la esquina. ¿Cómo nos las arreglamos? La opción de dejar el gato en casa de alguien, por muy de confianza que sea, no es muy recomendable. Como hemos visto son animales muy sensibles a los cambios, y trasladarle a otro hogar y además sin nuestra presencia podría generarle estrés y depresión. La opción ideal sería la opuesta: que una persona de nuestra confianza, y más aún de la de nuestro gato, se traslade a vivir a nuestra casa durante nuestra ausencia. Ya hemos dicho que esta es la opción ideal, no la más sencilla. Por ello lo habitual suele ser la alternativa intermedia.

La mayor parte de las personas con gato suele dejar a este en la seguridad del hogar durante sus viajes y pide a un allegado que lo visite a diario. No es solo cuestión de limpiar la arena y comprobar que tiene comida y agua. El cuidador deberá pasar un rato con el animal —un par de horas sería lo deseable—, jugando con el, acariciándolo, hablándole y, en definitiva, interactuando con el gato para evitar que se sienta solo. Si no tenemos a nadie con disponibilidad, existen profesionales y clínicas veterinarias que ofrecen este servicio, de manera además mucho más cons ciente de las necesidades del animal.

Finalmente, también podemos ayudar a aplacar el posible estrés que nuestra ausencia desate en el gato con el uso de un difusor de feromonas en sus rincones habituales.

HOTELES FELINOS

Esta es una opción cada vez más extendida, pero cuidado, no es apta para todos los gatos. Si sabemos que el nuestro es un animal sociable, sin problemas de adaptación ni para tratar con extraños, la opción de una residencia felina para nuestros periodos de ausencia del hogar es sin duda de las más interesantes. Nuestro amigo no solo estará atendido por profesionales, sino que también se relacionará con otros gatos, lo que será beneficioso al mantenerlo activo y suponer un gran estímulo. Al margen de esto, es la alternativa más recomendable para aquellos gatos que estén bajo algún tratamiento médico y necesiten recibir alguna medicación varias veces al día, dado que estos peculiares alojamientos cuentan con un veterinario disponible día y noche.

Igual que observamos bien cada detalle cuando queremos elegir un hotel para nosotros, también deberemos ser cautelosos a la hora de elegir uno para nuestro gato. Como decíamos, es una opción cada vez más extendida, por lo que podremos encontrar una oferta bastante diversa, no solo en precios sino en servicios, unos más completos y ortodoxos que otros. Lo mejor es comparar varias opciones, y probablemente nuestro veterinario de confianza podrá orientarnos para sacarnos de dudas.

¿Y SI NO QUEDA MÁS REMEDIO QUE VIAJAR EN COCHE?

Cuando hablamos de la necesidad de acudir una o dos veces al año al veterinario ya comentamos pasos a seguir para facilitar los desplazamientos con nuestro gato, ya sea para visitar la clínica, para una mudanza o incluso unas vacaciones en las que hemos decidido que nos acompañe. Lo fundamental, como dijimos, es permitir que se familiarice con el transportín, más aún si adoptamos el animal desde cachorro. Por temporadas, lo colocaremos en alguna zona de la casa con ajetreo, lo haremos confortable con alguna manta y dejaremos dentro juguetes y algunas golosinas. Cuando llegue el momento de usarlo, nuestro gato sabrá que ese sitio es seguro y tranquilo. Al menos, hasta que empiece «el movimiento».

Si vamos a viajar en coche, es importante asegurar el transportín en su interior para evitar que vuelque con algún frenazo o al encarar alguna cuesta: una buena opción es el reposapiés del asiento de atrás. También es recomendable que el animal no haya comido un tiempo antes de iniciar el viaje, para evitar que se le revuelva el estómago y se maree. Para darle agua, caso de tratarse de un viaje largo, podemos llevar un cuenco o proporcionársela con una jeringa. Y un detalle importante a no olvidar: siempre que nos movamos con nuestro gato debemos llevar encima su documentación (tarjeta censal y cartilla sanitaria) por si surgiera cualquier problema o incidente.

CUARTA PARTE

CONOZCAMOS MEJOR A NUESTRO AMIGO

18

GENES
FELINOS

E n las páginas anteriores hemos ido descubriendo cómo desarrollar la convivencia con nuestro gato, hemos conocido algo más su psicología, su forma de comunicarse con nosotros, cómo podemos adaptarnos a sus necesidades y costumbres igual que esperamos que él se haga a las nuestras. Pero si queremos entender por qué las cosas son así, por qué se mueve, come, juega, se enfada o se acicala como lo hace, es importante que conozcamos de verdad a nuestro amigo, que sepamos cómo es su cuerpo y cuál ha sido su historia. Es importante saber cuál es su origen, de dónde proviene, así como las influencias y circunstancias que han ido modelando su personalidad a lo largo de los años, desde aquellos primeros felinos que casi llegaron a caminar entre los dinosaurios hasta el pequeño ronroneador que hoy se acurruca en nuestro regazo.

Nos sorprenderá la cantidad de explicaciones que encontraremos en las próximas páginas a preguntas que solemos hacernos sobre el comportamiento de nuestros amigos peludos. Algunas de ellas ya las hemos respondido en otros capítulos, pero no hemos explicado el porqué, la razón de que actúen o reaccionen de determinada manera. La resolución del problema —como diría Sherlock Holmes— viene a continuación.

Y es que, aunque puedan ser nuestros mejores acompañantes, cálidos y adorables, no debemos olvidar que los gatos llevan en su ADN el legado de un rico y largo pasado. Como veremos, buena parte de sus comportamientos son un reflejo de ese instinto salvaje que aún conservan latente.

Pero vamos a empezar por ubicarlo entre el resto de los pobladores de nuestro planeta azul: el gato doméstico es un mamífero carnívoro perteneciente a la familia de los felinos, que a su vez integra la familia de los félidos. Es el felino más extendido y abundante en todo el mundo. Encuadrado ya pues en la Naturaleza, vamos a hacer un poco de historia genética —sin miedo, que suena más complejo de lo que es— de los felinos.

UN ANTEPASADO MUY VIAJERO

Comenzamos conociendo a la familia de nuestro gato y debemos tener un poco de paciencia, porque es una familia muyyy extensa. El gato doméstico (*Felis catus* o *Felis silvestris domesticus*) es un mamífero que pertenece a la familia de los *Felidae*, lo que emparenta a nuestro gato con los felinos salvajes de todo el planeta. De hecho, todos los felinos comparten un mismo origen ancestral, hace unos sesenta millones de años: *Miacis*.

Todos los mamíferos carnívoros modernos, incluidos los felinos, proceden de este grupo de carnívoros primitivos, el *Miacis* (término griego que significa «animal madre»), cuyo aspecto, alargado y con cola también larga, podría recordar al gato actual. Con el tiempo, los integrantes de *Miacis* comenzaron a diferenciarse unos de otros, dando origen a diferentes grupos de mamíferos, entre ellos, la primera especie relacionada directamente con los félidos, el *proailurus*, que algún tiempo después daría lugar a la especie más próxima a los felinos modernos: el *pseudaelurus*. (Vale, ya hemos terminado con la familia más lejana, como primos terceros o algo así).

Desde el león más fiero al gatito más adorable, todos los felinos tienen en el *pseudaelurus* su antepasado común, un animal que poblaba la Tierra hace once millones de años, cuando el planeta, visto desde el espacio, ni siquiera tenía el aspecto que ofrece hoy. Más concretamente, era en las estepas de Asia Central por donde el *pseudaelurus* se movía a su antojo (y a gran velocidad, por cierto). En aquellos días, lo que hoy es el mar Rojo apenas debía tener la profundidad de una charca, lo que permitió a algunos *pseudaelurus* llegar hasta África.

Otros, en cambio, tomaron la dirección contraria, hacia el este, atravesando toda Asia y alcanzando el continente americano a través de la pequeña extensión de tierra que por entonces aún unía ambos continentes: el puente de Beringia. Estos últimos, con el paso del tiempo, evolucionaron hasta convertirse en el gato montés de Norteamérica, el lince y el puma, mientras que los que siguieron más al sur dieron lugar a especies que hoy solo podemos encontrar en Sudamérica, como el gato de Geoffroy o el ocelote.

Pero ¿qué ocurrió con los *pseudaelurus* que se

asentaron en África? Poco a poco fueron adaptándose a las condiciones de la región y perfilando así los grandes felinos que hoy conocemos, parientes cercanos de nuestro gato, tales como tigres, leones, jaguares o leopardos. Con el tiempo, estos evolucionarían a su vez en especies cada vez más próximas a nuestro mejor amigo, tales como el gato montés o el gato del desierto.

Sin embargo, a partir de este punto perdemos la pista histórica hasta llegar a gato doméstico. Es muy difícil saber con exactitud cuál fue su origen geográfico, y eso se debe a que ni las pruebas arqueológicas ni las de ADN resultan claras. Como si de una película policial se tratase, nuestro gato resulta ser un tipo listo y escurridizo en lo que a su pasado se refiere. La huella genética del gato doméstico está presente por todo el mundo, cruzada además con otras especies, incluyendo el gato salvaje. Animal astuto...

LOS MUCHOS NOMBRES DEL GATO

Al igual que podemos rastrear la historia y avatares del gato a lo largo de los siglos, podemos seguir la pista a los diversos nombres con los que se le ha bautizado en distintos idiomas y civilizaciones, algunos de ellos con curiosas referencias. En el Alto Egipto, por ejemplo, el gato macho era *myeou* en clara referencia al sonido de su maullido. Las hembras, sin embargo, eran *techau*, nombre con el que actualmente se denomina al gato salvaje en Egipto y Asia: *felis chaus*.

Resulta muy curioso observar la etimología de la palabra gato, que ha terminado sirviendo para referirse a este animal en numerosos idiomas. Mientras que algunos defienden que el origen está en el término italiano *gatto* (que significa astuto) que procedería del *qato* que se empleaba en Siria, otros mantienen que el término *gato* ya se empleaba en Egipto antes de que este animal se paseara por Europa.

En el mundo latino, no obstante, era el genérico *felis* el más empleado, que acabaría siendo reemplazado por *gato*, término que evoluciona de diversos africanos, como el citado *qato* de Siria, el *quett* árabe, el *kadista* en nubio antiguo o, más allá de África, el *katta* griego. Es el motivo de que hoy encontremos multitud de lenguas que comparten pocas palabras pero que, sin embargo, tienen vocablos muy similares para definir a nuestro amigo, como el *cat* inglés, el *chat* francés, el *gat* catalán, el *kau* euskera, el *gatto* italiano o el *kat* holandés.

¿Y en español? Pues más allá del bien conocido «gato», tenemos expresiones como micifuz, minino, michino, michi, micho, mizo, miz, morroño o morrongo; algunas en desuso, otras más habituales al otro lado del Atlántico, pero todas destinadas a señalar a nuestro animal de compañía favorito.

ASUNTOS DE FAMILIA (FELINA)

Como dijimos al principio, los felinos se encuadran dentro del grupo de los animales carnívoros, y constituyen una familia con unas características muy específicas como consecuencia de una historia y una evolución que los ha llevado a convertirse en cazadores implacables, algo que se refleja por igual en su anatomía y su instinto.

En la actualidad existen treinta y ocho especies reconocidas de felinos en todo el mundo, aunque no faltan polémicas sobre especies que algunos expertos consideran más bien subespecies. Todas ellas, salvo contadas excepciones, comparten a grandes rasgos una conducta cazadora muy bien perfilada. Suelen cazar de noche y decantarse por animales más pequeños en relación a su peso, lo que les permite cazar sin necesidad de ayuda ni tener por tanto que compartir posteriormente la comida. Esto implica, además, que deben tener los sentidos siempre en guardia y un carácter inquieto que les permita ejercer el acecho y la captura en rápidas reacciones. Además, precisan de unas garras y unos dientes fuertes y afilados que les permitan sujetar bien la presa. Desde la pantera más peligrosa, al minino más adorable, todos comparten estas características, claro que no todos las exhiben de manera igual de evidente.

¿Qué excepciones hay? Pues, mientras que la conducta descrita pueda recordarnos a nuestro gato —aunque en su caso le tengamos bien alimentado y solo «cace» ratones de peluche—, quien más se diferencia de ella es, casualmente, el «rey de los felinos». Como consecuencia de su adaptación a su hábitat natural, la sabana africana, donde las presas disponibles (cebras, búfalos, antílopes) son demasiado grandes, el león se ha visto obligado a adaptar su instinto para cazar en grupo y compartir posteriormente la comida.

En lo que sí coinciden todos los felinos al contrario por ejemplo que los cánidos —como es el caso del lobo—, es que, una vez encuentran un territorio en el que poder cazar y encontrar pareja, es difícil que decidan marcharse hasta que esas condiciones no cambien. Lejos de la concepción cánida de manada, defenderán ese territorio de cualquier felino que amenace con convertirse en vecino.

CUESTIÓN DE GENES

Solitario, cazador, nocturno, territorial, peligroso... ¿Definiríamos así a nuestro gato? Es posible que más bien dijéramos de él que es un animal tranquilo, cariñoso, pacífico y afable. Pero ¿y si sucede algo que él intuye como peligroso? ¿Cuál es su reacción? Lo más probable es que se active su memoria genética y le recuerde toda la carga de gato salvaje que lleva dentro. Así que, para comprender mejor determinadas reacciones del pequeño peludo, echémosle un vistazo a esa carga «salvaje» que lleva en sus genes.

No vamos a detenernos en aspectos técnicos, pero sí es importante saber que diversos estudios realizados en las dos últimas décadas a partir de los cromosomas y el ADN de estos animales (además de restos paleontológicos) han establecido que el linaje genético que daría origen al gato doméstico se habría separado de los demás felinos de pequeño tamaño hace entre tres y cuatro millones de años en la zona de la cuenca mediterránea (Europa, norte de África y Medio Oriente).

Aunque hay datos como estos que están más o menos claros, aún existe un debate sobre si el gato doméstico debe clasificarse como una especie independiente o considerarse una subespecie del gato montés euroasiático o gato salvaje (*Felis silvestris*). De estos, actualmente, se admiten seis subespecies diferentes, una de ellas, la *Felis silvestris catus*, corresponde a los gatos domésticos, que se han extendido por todo el mundo hasta convertirse en el felino de mayor distribución geográfica y diversidad morfológica.

Para terminar, apuntaremos que, si acercamos mucho, pero mucho, la lente del microscopio, parece que un estudio molecular ha demostrado que los gatos domésticos se habrían separado del gato silvestre hace unos 130.000 años, lo que apenas es un pestañeo en la historia de la evolución felina.

SALVAJES, PERO AMIGABLES

Al contrario de lo que ocurre con la historia de los perros y sus antepasados (los cánidos) las huellas fósiles de los felinos no son demasiado abundantes, por lo que aún tenemos mucho por descubrir o confirmar sobre la historia y la evolución del gato, sus antecesores y la relación de estos con los seres humanos. ¿En qué momento se produjo la domesticación? ¿Cuándo saltó el gato de su cobijo en la estepa al regazo del humano? Es difícil de precisar.

Los más pequeños detalles pueden aportar más información sobre la historia de los felinos. Por ejemplo, en unas excavaciones llevadas a cabo en Jericó, la ciudad habitada más antigua del mundo, se encontraron unos fragmentos de huesos y dientes pertenecientes al *Felis silvestris lybica* (o gato salvaje africano). Datados en torno a los años 5000 o 6000 a.C., serían evidencias importantes de los primeros contactos entre el ser humano y el gato, aunque sin pruebas en este caso de que el animal estuviese domesticado.

Como hermano mayor directo de nuestro gato casero, el gato norteafricano hace gala de un temperamento más dócil que la mayoría de sus semejantes salvajes, incluso tiende a establecer su hábitat en los alrededores de aldeas campesinas, donde desarrolla una curiosa relación con sus habitantes: los humanos se aprovechan de su capacidad cazadora para limpiar los poblados de roedores que acuden a devorar los cereales cosechados mientras que los felinos disfrutan de comida en abundancia. No es que en estos casos —de los que habría restos de hace 9.000 años en Oriente Próximo— pueda hablarse de animales domesticados, más bien de un acuerdo tácito de convivencia. Pero sí que se trata de los primeros pasos hacia una entrañable amistad.

Así que puede que la domesticación de los gatos no fuese solo consecuencia de una iniciativa del ser humano. Tal vez los animales también decidieron por su cuenta acercarse a estos al percibir la posibilidad de tener comida segura y en abundancia alrededor de sus asentamientos. Por su parte, al observar los agricultores que estos felinos aún salvajes resultaban de gran ayuda para luchar contra las plagas de los roedores, tal vez decidieran asegurarse su presencia ofreciéndoles refugio, calor y alimentos. Esto respaldaría la idea de que el gato ha sido el único animal que ha elegido someterse a la domesticación humana. Eso sí, siempre bajo sus particulares condiciones, que ya sabemos que son muy suyos...

¿GATOS SILVESTRES O GATOS SALVAJES?

Aunque a veces se empleen de manera indistinta ambos conceptos, no hacen referencia al mismo animal, y lo comprobaremos rápidamente: mientras que los gatos silvestres son aquellos animales domésticos que han vuelto a un estado salvaje, cuando hablamos de gatos salvajes nos referimos a felinos que nunca han tenido contacto con los humanos a lo largo de su historia.

Ya sabemos que los gatos que viven con nosotros descienden de los gatos salvajes que fueron domesticados hace miles años. Sin embargo, algunos de ellos han acabado por abandonar los hogares para volver a vivir lejos de los humanos; se han asilvestrado. El mayor problema con ellos es el riesgo que suponen para la pervivencia de los gatos salvajes —con importante presencia en España y Portugal—, que al cruzarse con los silvestres condicionan la genética de su descendencia, reduciendo así la población salvaje original.

Con el gato casero ya acomodado en hogares de todo el mundo, las crónicas de aventureros y exploradores del siglo XIX ayudaron a observar conductas en felinos salvajes que podían ofrecer una idea de cómo se había llevado a cabo, milenios atrás, ese proceso de acercamiento entre gatos y humanos. Hacia 1860, por ejemplo, tras un viaje por el sur de Sudán, el botánico y explorador alemán Georg Schweinfurth describió cómo el pueblo Bongo capturaba cachorros de gatos salvajes para criarlos en sus chozas, y según crecían, lejos de volverse agresivos con los humanos, les servían de gran ayuda como cazadores de ratas.

Un siglo más tarde, era el botánico inglés Reay Smithers quien se sorprendía de que unos cachorros de gatos salvajes de Zimbabue, que le habían ofrecido como regalo, apenas se mostraron agresivos con él durante unos días, transformándose más tarde en cariñosos y juguetones como unos gatos caseros al uso. Tanto, que incluso ronroneaban al británico en busca de sus mimos.

Buena parte de los restos fósiles encontrados hasta hace poco parecían indicar que la domesticación de los gatos habría empezado en el Antiguo Egipto, alrededor del año 2.000 a.C. Sin embargo, un par de recientes hallazgos en la isla de Chipre han desbaratado ese planteamiento. Si bien los restos de una mandíbula de *Felis lybica* datada en el año 6000 a.C. resultó de gran interés, el gran descubrimiento tuvo lugar en 2004, a cargo de unos arqueólogos franceses en unas excavaciones de Sylurokambos, al sur de la isla. En este yacimiento, datado en el 7500 a.C., se encontró la tumba de un hombre de unos treinta años con un rico ajuar, y a su lado, a unos cuarenta centímetros, el esqueleto intacto de un gato de ocho meses.

¿Por qué resultan tan ilustradores estos hallazgos? Porque en Chipre, antes de la llegada de los primeros colonizadores neolíticos, nunca hubo gatos. Eso significa que esos dos animales tuvieron que llegar en barco, transportados de manera premeditada. Además, el hecho de que se sacrificara uno de ellos para enterrarlo junto al que suponemos que fue su dueño, nos ayuda a hacernos una idea de la importancia emocional que ya por entonces se atribuía a estos pequeños.

19

GATOS Y HUMANOS, UNA AMISTAD CON
SUS VAIVENES

Hemos hablado sobre cómo pudo producirse la aproximación entre humanos y gatos y cómo estos pudieron terminar aceptando convivir hasta formar parte de la familia como uno más. Pero, por decirlo de algún modo, ese solo fue el primer paso del largo camino que nos trae hasta nuestra relación actual con estos pequeños.

Desde el primer contacto entre ambas razas, hace casi 10.000 años, nuestra relación con los gatos ha vivido diversas etapas y no siempre ideales, pasando de tenerlos casi como animales divinos a perseguirlos como a auténticos endemoniados. Dado que tantos miles de años dan para mucho anecdotario, vamos a repasar aquellos momentos más relevantes que nos ayudarán a tener una idea general de cómo ha sido hasta la fecha la historia de nuestra amistad.

LOS DÍAS DIVINOS DEL ANTIGUO EGIPTO

En lo que respecta a los mejores momentos de su historia, pocas veces ha sido más apreciado el gato como en los días de esplendor de la civilización egipcia. Si bien, como hemos visto, hay sobrados indicios de gatos domésticos con anterioridad, fue en aquel periodo de momias y pirámides la primera vez que una sociedad normalizó la costumbre de adoptar a los gatos y cuidarlos como animales de compañía.

Como ocurriría con la mayoría de las sociedades, en el Antiguo Egipto el gato era muy apreciado como cazador para mantener a raya las plagas de roedores —constante que se irá repitiendo a lo largo de la historia, vamos a tener que ser un poco pesados con eso—, pero mucho más allá de ese uso, era admirado justamente por su carácter independiente y por la elegancia de su porte natural. La admiración por estos animales llegó a tal extremo que los gatos terminaron íntimamente ligados al culto a la diosa Bastet, símbolo de fertilidad, belleza y seguridad. Esta diosa solía ser representada como una gata negra o incluso una mujer con cabeza de gata, a veces con otros pequeños felinos a su alrededor.

Al parecer, el centro del culto a la diosa Bastet estuvo en la antigua ciudad de Bubastis, donde llegaron a ser descubiertos numerosos gatos momificados con todos los honores. La explicación de esta práctica radica en que estos felinos eran considerados encarnaciones de la propia diosa, ganándose de este modo el honor a ser momificados tras su muerte, rito que estaba reservado en exclusiva a nobles y faraones.

El cariño y la veneración de los egipcios por los gatos supuso para estos, no obstante, algunos problemas. Por ejemplo, los persas, enemigos de los habitantes del valle del Nilo, decidieron aprovechar esa íntima relación con los animales de la forma más despiadada. Se cuenta que el rey persa Cambises II ordenó atar gatos a los escudos de sus soldados para que los egipcios no se atrevieran a atacar por temor a herirlos, dejando paso libre a la invasión persa del Bajo Egipto.

Otra fábula es la que explica cómo llegaron los gatos hasta el continente europeo. Al parecer, debido a su valor cultural y religioso, los egipcios se negaban a comerciar con los gatos, lo que suponía una contrariedad para los griegos, que veían posibilidades interesantes para este animal. Decididos a conseguirlos, un grupo de griegos comerciantes terminó robando media docena de parejas para poder criarlos en su país. Al menos, eso cuenta la leyenda.

De lo que no cabe duda es de que, lejos de las costumbres y tradiciones más amables de los egipcios, los griegos emplearon a los gatos principalmente para mantener las casas limpias de roedores. Antes de su llegada, la garduña, la mangosta o el hurón ya se encargaban de proteger las cosechas, pero la convivencia con los pequeños felinos resultaba mucho más agradable, incluso en ocasiones podía servir como animal de compañía, aunque por lo general preferían el perro, quedando el gato relegado a ofrenda refinada para las cortesanas.

Mucho más relevante sería la otra función que los griegos dieron a los gatos: empleaban estos animales para hacer trueques con otros pueblos (desde los romanos a los galos o los celtas), vendiéndolos precisamente como implacables cazadores. Así fue como, a bordo de los barcos de los comerciantes griegos, los gatos comenzaron a extenderse a lo largo y ancho de todo el Mediterráneo.

Pero en esa expansión, nuestros pequeños amigos fueron perdiendo algo fundamental: el vínculo afectivo con el ser humano, ya que la mayoría de estas civilizaciones consideraban al gato como un animal inferior, lejos de su animal de compañía predilecto, el perro, al que preferían también como animal de guardia y de protección.

MANEKI NEKO, EL GATO DE LA SUERTE

A lo mejor no conocías su nombre, pero seguro que sabes de quién estamos hablando. *Maneki Neko* (literalmente «gato de la suerte» en japonés) es esa simpática figura, a veces de color dorado, de un gato con una pata en movimiento adelante y atrás.

Aunque popularmente se adjudica a la cultura china (en la que recibe el nombre de *Zhaocai Mao*), parece que el genuino «gato de la suerte» original procede de la tradición japonesa. En el caso chino, su origen sería el proverbio «Cuando un gato se frota la cara hasta las orejas quiere decir que va a llover». En el caso japonés, este símbolo de la buena fortuna está más presente, llegando a protagonizar varios cuentos populares sobre personas que salvan la vida gracias a la intervención de un gato.

Hoy día, las figuras del *Maneki Neko* pueden verse por todo el mundo, aunque hay detalles sobre él que mucha gente ignora. Por ejemplo: los que tienen la pata izquierda en movimiento atraen buenas visitas, mientras que aquellos que tienen levantada la derecha «llaman» al dinero y la fortuna.

El color, por otro lado, también es importante. En Occidente solemos verlos de color dorado en muchos restaurantes orientales, justamente porque es el color que atrae fortuna para el negocio. También los vemos en blanco, que es el más tradicional y ofrece suerte a los viajeros (como los protagonistas de las fábulas). Pero junto a estos, existen otras muchas opciones: el gato azul (realizar los sueños), el verde (buena salud para la familia), el rojo (llama al amor y ahuyenta los malos espíritus), el amarillo (mejorar la economía) o el negro (irónicamente, contra la mala suerte).

EL MEJOR AMIGO... DEL DIABLO

El momento más complejo de nuestra relación con los gatos llegó con la Edad Media (entre los siglos v y xv), y más específicamente durante los siglos xiv y xv, el periodo denominado Baja Edad Media.

Hasta entonces, los gatos eran apreciados entre los campesinos, que intentaban que estuvieran contentos en sus propiedades para que los roedores se mantuviesen lejos de cuadras y almacenes. Con la misma finalidad eran también habituales en conventos y monasterios. Se cuenta que desde el papa Gregorio Magno hasta todo un santo como San Patricio, manifestaban abiertamente su cariño por los pequeños felinos, por lo que no es extraño ver a estos en representaciones sacras como las de santa Gertrudis o santa Ágata.

Pero no fue la caza el único fin por el que los gatos fueron apreciados durante parte de la Edad Media. Los médicos utilizaban diferentes partes de estos para preparar ungüentos, y se creía que sus excrementos, convenientemente tratados, podían frenar la caída del cabello e incluso bajar la fiebre. Por otro lado, nada como la grasa y la médula de gato para tratar la artritis o la gota, mientras que su carne servía, entre otras cosas, para aliviar las hemorroides.

Además, la piel del gato, de calidad similar a la del conejo o el zorro, pero mucho más fácil de conseguir, era empleada para elaborar mantas o cojines. En la época de máxima popularidad de estos productos, los peleteros codiciaban tanto la piel de los gatos que los dueños de algunos llegaban a quemarles el pelo para evitar que fueran capturados cuando salían a rondar las calles. Si esto suena cruel, aún no hemos alcanzado la época más «dura».

Pero todo ese aprecio —aunque cruel— por los felinos dio un giro a mediados del siglo xiv, cuando buena parte de las características de los gatos, hasta ahora apreciadas o sencillamente aceptadas, pasaron a adquirir una simbología tan negativa como peligrosa. Por aquella época, el azote de la peste negra que asoló Europa llevó al resurgimiento de cultos paganos, entre ellos el de la diosa de la mitología nórdica y germánica Freyja. Esta diosa guerrera conducía un carro tirado por dos grandes gatos, y solía ser representada con felinos a su alrededor. Como consecuencia, a partir de entonces los gatos pasaron a ser identificados con cultos paganos, y más aún, infernales.

La Inquisición tomó entonces a estos pequeños como enemigos a batir, con ese reflejo de sus ojos que evocaba las llamas del infierno, su descarada conducta sexual, su tendencia a la pereza y el vagabundeo... por no hablar de la leyenda de que gozaban de siete vidas, algo solo posible por ser representantes del mismísimo Lucifer. El momento definitivo llegó con el edicto de 1484 del papa Inocencio VIII, que condenaba abiertamente a los felinos, especialmente a los de pelaje negro, y animaba a que fueran sacrificados en las fiestas populares. La principal de ellas era la celebrada la noche de san Juan, cuando se quemaba en grandes hogueras a brujas, herejes, asesinos y a los pobres gatos.

Poseer un gato, sobre todo si era negro, podía conllevar ser detenido y acusado de brujería. Francia, Alemania o Inglaterra fueron algunos de los países en los que se persiguió a los felinos con mayor tesón. En muchas de sus ciudades pudieron verse escenas terribles, como en la festividad del 1 de noviembre, en la que quemaban en la plaza pública cestos llenos de gatos vivos.

Que los gatos negros traían mala suerte, que eran el diablo disfrazado... Las leyendas negativas sobre los gatos se mantuvieron en la cultura occidental durante varios siglos, aunque por suerte no ocurría así en todo el mundo. En la cultura islámica, por ejemplo, siempre gozaron de una gran imagen como consecuencia del afecto que el profeta Mahoma tenía por ellos. El Corán reúne diversas historias protagonizadas por gatos, principalmente las de Muezza, la gata favorita de Mahoma, quien llegó a salvarlo de la mordedura de una serpiente. En otra ocasión el propio profeta cortó un trozo de su túnica, sobre la que se había quedado dormido el animal, para no despertarlo al levantarse. No es de extrañar, por tanto, que en el islam fuese considerado un pecado maltratar a cualquier gato.

SALVADOS, MÁS POR NECESIDAD QUE POR CARIÑO

Pero frente a leyendas y supersticiones, la realidad terminó imponiéndose. Debido a la condena y persecución por parte de la Inquisición, los gatos apenas pudieron poner en práctica sus hábiles dotes cazadoras durante la peste negra. Eso supuso que ratones y ratas de cloaca camparon a sus anchas por las calles de pueblos y ciudades en las que las condiciones higiénicas eran más que dudosas, disparando de este modo las enfermedades.

Ante el drama desatado y las cosechas devoradas, la presencia de los gatos en las casas y las calles se hizo cada vez más necesaria con la llegada del Renacimiento. Y, por fin, en 1648 el rey Luis XIV decidió prohibir la quema de gatos bajo cualquier excusa. Algo más adelante, incluso el propio Napoleón Bonaparte, a pesar no ser muy amante de los gatos, se vio obligado a estimular su cría para combatir la plaga de roedores que llegó a padecer París a comienzos del siglo XIX.

De este modo, los felinos fueron recuperando poco a poco su presencia por todas partes, hasta el punto de que pasaron de ser símbolo del mal y de la suerte nefasta a creer que absorbían las energías negativas. Eso sí, los pobres gatos negros lo tendrían más difícil para librarse de su diabólico sambenito.

EL MÁS INSPIRADOR DE LOS ANIMALES DE COMPAÑÍA

¿Cuándo fue entonces cuando retomamos de verdad nuestra amistad? Pues hubo de llegar el siglo XIX, con sus adelantos científicos y su romanticismo cultural, para que el ser humano no solo quisiera al gato rondando la casa para mantenerla limpia de ratones, sino que prefiriera su compañía a la del perro o cualquier otro animal como un miembro más del hogar.

Para empezar, la ciencia —con Louis Pasteur a la cabeza— habló entonces por primera vez de los microbios, presentes no solo en la suciedad sino también en muchos animales que podían llegar a infectar al ser humano. ¿Y qué nos encontramos de pronto? Que el señor gato resulta ser el perfecto animal de compañía porque se pasa la mitad del día limpiándose y acicalándose. Por primera vez, el pobre quedaba libre de toda sospecha.

De modo parejo, el citado movimiento artístico del Romanticismo llevó a convertir a este animal, elegante y reflexivo, en protagonista de un sinfín de obras de música, literatura y pintura. Era tal el atractivo que iba ganando que terminó por erigirse en el animal de compañía predilecto de muchos artistas, especialmente escritores, tradición que aún hoy parece cultivarse.

MAULLIDOS EN CINEMASCOPE

A lo largo de la historia del cine (y de la televisión), han sido muchos los gatos que han paseado su elegante figura por la pantalla, y algunos incluso han dejado patente su carácter travieso. Aunque la lista sería larga, al pensar en gatos cinematográficos hay unos cuantos imprescindibles que han pasado por derecho propio a la historia del séptimo arte, desde el cine de terror a la comedia o el *thriller* pasando, claro está, por la animación.

GATO (*DESAYUNO CON DIAMANTES*, 1961)

Probablemente estemos ante el gato más famoso de la historia del cine, precisamente por participar en este legendario título. Cuenta la leyenda que llegaron a emplearse hasta nueve gatos diferentes para rodar todas las escenas del entrañable «compañero de piso» de la mítica Audrey Hepburn, aunque, de todos ellos, quien ha pasado a la historia ha sido Orangey, el gatito que queda «aprisionado» entre los protagonistas cuando se dan el beso final. De hecho, Orangey acabó recibiendo un premio Patsy, el Óscar de los animales.

JONES (ALIEN, EL OCTAVO PASAJERO, 1979)

Haciendo honor a la historia real de los gatos, Jones era uno más en la tripulación de la nave espacial Nostromo, con la misión de dar caza a los roedores de la nave. Poco podía imaginar el pobre minino que acabaría protagonizando una de las escenas más tensas de este clásico de la ciencia ficción. El público le cogió tanto cariño que acabó haciendo una breve aparición en *Aliens: el regreso*.

CHESHIRE (ALICIA EN EL PAÍS DE LAS MARAVILLAS, 1951)

Uno de los felinos más entrañables de la ficción, con su capacidad para aparecer y desaparecer hasta quedar reducido a su sempiterna sonrisa. Colorido y amigo de conversaciones filosóficas, su presencia es imprescindible en cualquier adaptación a la pantalla que se haga del clásico de Lewis Carroll, desde Disney a Tim Burton.

GARFIELD (GARFIELD, 2004)

Nació sobre el papel y durante décadas fue el ídolo de varias generaciones de niños —y no tan niños— antes de dar el salto al cine con su pereza y apetito característicos. Este rechoncho minino, de raza *british shorthair*, es feliz durmiendo, comiendo y haciéndole trastadas a su compañero de casa, Oddie, un perro bonachón bastante menos avispado. Hay que decir que, antes que Garfield, los niños de los setenta y los ochenta rieron con las aventuras de Isidoro, «el rey de la ciudad».

CHURCH (*CEMENTERIO DE ANIMALES*, 1989)

Cambiamos de tono para volver al terror, en concreto a la adaptación de una de las novelas más macabras de Stephen King —que ya es decir—, que provocó los desvelos de legiones de amantes de los gatos. Aunque son varios los felinos que aparecen en la cinta, el que nos acaba por helar la sangre es Church, un *british shorthair* al que no nos gustaría cruzarnos en mitad de la noche.

SIN NOMBRE (*EL PADRINO*, 1972)

Otro felino legendario de la pantalla es el que sostiene Marlon Brando en la escena inicial de este clásico, y que muchos han visto como una metáfora sobre el propio personaje protagonista, el poderoso Vito Corleone. El minino en cuestión era un gato callejero que el propio Coppola encontró rondando por el patio de los estudios Paramount. No aparecía en el guion, pero hoy es imposible imaginar esa escena sin su presencia.

VARIOS (*LOS ARISTOGATOS*, 1970)

La más felina sin duda de las películas de Disney, protagonizada al completo por gatos. Duquesa, O'Malley, Toulouse, Berlioz, Marie, Edgar... Sus aventuras y sus canciones han acompañado a varias generaciones de niños.

VARIOS (*CATS*, 1998)

Es uno de los musicales más populares de la historia, que ha conocido varias adaptaciones a la pantalla. Enteramente protagonizado por gatos, fue una creación del gran maestro del género, Andrew Lloyd Webber, a partir de una colección de poemas de T. S. Eliot. Si a alguien le gustan los musicales o los gatos, esta obra es imprescindible. Y si le gustan ambas cosas, será un deleite.

EL GATO CON BOTAS (*SHREK*, 2001)

Era un personaje secundario en la historia del ogro verde, pero el humor y el encanto que desprendía —con la voz de Antonio Banderas— terminó por convertirlo en protagonista de sus propias películas.

SIN NOMBRE (*007 CONTRA EL DOCTOR NO*, 1962)

Pensemos en una película de acción en la que un terrible villano planea conquistar o destruir el mundo. Seguro que lo visualizamos con un gato en el regazo, ¿a que sí? La culpa es de Ernst Stavro Blofeld, el malvado por antonomasia de las películas del agente secreto James Bond, que durante varias cintas mantuvo oculto su rostro: de él solo veíamos las manos que acariciaban a un gato persa de ojos azules. Desde entonces, el cliché quedó fijado, y hasta el villano de las aventuras del inspector Gadget contaba con su propio gato de animación.

Llegamos de este modo al siglo xx, donde el interés por el gato llevó a su estudio detallado, y esto, a su vez, permitió la crianza selectiva para la creación de nuevas razas. ¿Qué si eso se practicó mucho? Veámoslo con tres cifras: el naturalista sueco Linneo ya había llevado a cabo el primer inventario de razas de gato a finales del siglo xviii, y en ella distinguía cuatro grandes razas de felinos: *Catus domesticus*, *Catus angorensis*, *Catus hispanicus* y *Catus coeruleus*. Esta clasificación no se actualizó hasta el tratado de zootecnia especial de Cornevin, de 1897, que contemplaba tres razas más; siete en total. Un siglo más tarde, el número de razas de gatos en todo el mundo alcanza hoy casi el centenar.

El interés por la cría de los gatos ha sido el motor principal del desarrollo de las razas, un interés avivado por los concursos y exposiciones celebrados en todo el mundo. La primera exposición felina de la que se tiene constancia tuvo lugar en Winchester, Inglaterra, en 1598, aunque la primera más parecida a las que podemos disfrutar hoy se celebró en 1871 en el Crystal Palace de Londres. Con la participación de más de ciento setenta gatos, esta cita está considerada como el gran referente en la definición de los estándares de las razas. Algunos años más tarde, en 1898, la exposición celebrada en el Madison Square Garden de Nueva York generó tal cobertura mediática que se convirtió en la responsable de que la popularidad de este tipo de encuentros felinos se extendiera a lo largo y ancho de todo el mundo.

20

ANATOMÍA
GATUNA

Ya hemos comentado que, por adorable que sea nuestro gato, en su interior late el instinto de un pequeño e implacable cazador, y su anatomía se ha ido cincelando y adaptando con el tiempo para hacer de él uno de los predadores carnívoros más eficaces. La agilidad, la rapidez, el equilibrio y una capacidad sorprendente para moverse con sigilo son algunas de las características que comparten casi todos los gatos, fruto de una evolución inspirada por ese instinto cazador.

¿QUERÉIS DESCUBRIR UN PAR DE SECRETOS... ÓSEOS?

Cuando observamos a un gatito jugar con una bola de papel o cualquier juguete, dos conclusiones que podemos sacar fácilmente es que es un animal curioso y que, ya incluso en esa infancia, tiene reacciones propias de un animal cazador. Puede que sea un gato casero descendiente de gatos caseros, pero esa herencia de sus parientes salvajes sigue muy viva. Más aún si hablamos de gatos callejeros.

Pero ¿cómo es ese cuerpo que les permite saltar, correr y reaccionar con tanta agilidad? ¿Acaso no es esa cierta majestuosidad de los gatos al caminar o al saltar lo que nos encanta de ellos? Pues esa gracilidad de movimiento es posible gracias a la combinación, minuciosa y precisa, de una estructura ósea que les permite adoptar posturas imposibles con una potente musculatura que respalda cada salto y cada carrera que emprenden.

Aunque los veamos pequeñajos, un gato tiene alrededor de doscientos cuarenta y cinco huesos. Teniendo en cuenta que un ser humano «solo» dispone de doscientos seis, imaginemos las posibilidades y funciones de tal despliegue óseo. El suyo es un esqueleto ligero, flexible y robusto, con una clavícula muy pequeña que, técnicamente, flota en el aire, unida al esternón tan solo por un ligamento; y aquí radica el secreto de su gran libertad de movimientos. Aunque la columna vertebral del gato está integrada por vértebras (entre veinte y veinticuatro) más gruesas que las de otros animales, sus uniones son sin embargo más flexibles, ofreciéndole esa gracilidad.

De los gatos se dice que son «digitígrados», dado que no se apoyan en los pies sino en los dedos, como si anduvieran de puntillas. Lo que parece la parte inferior de sus piernas son, en realidad, unos pies excepcionalmente largos de los que, como hemos dicho, solo apoyan los dedos. Esta circunstancia unida a su férreo sistema muscular, nos lleva a otro de sus secretos: así es como son capaces de realizar esos prodigiosos saltos.

En cuanto a su mandíbula, está estructurada para desgarrar la carne de sus presas, con treinta dientes en el caso de un gato adulto y veintiséis en los bebés. Además, la forma de su cráneo también tiene un toque aerodinámico justamente para favorecer el desarrollo de los músculos del cuello y la mandíbula.

Y ya que hablamos de ese otro gran protagonista, el músculo, nuestro amigo peludo tiene más de quinientos, y cobra especial relevancia el cutáneo, que envuelve su cuerpo aportándole una gran elasticidad. La musculatura del gato sería comparable con la de un atleta especializado en pruebas de velocidad; fuerte, fibrosa y poco voluminosa. Por otro lado, resulta muy ilustrativo observar que sus músculos son mucho más flexibles que los de la mayoría de los mamíferos, y se expanden y contraen con un funcionamiento similar al de un muelle. Esto es lo que permite a nuestros juguetones compañeros saltar varias veces su altura. Pensemos en el tejado de una casa a unos cinco metros del suelo: si tuviéramos los músculos del gato, podríamos llegar hasta él de un brinco.

¿Y cómo bajaríamos después? Ahí es donde entran en juego los ligamentos. Los del gato son especialmente fuertes y eso les permite soportar fuertes impactos, lo que hace posible que puedan saltar desde lugares muy altos sin resentirse por esa aparente osadía (aunque ya hablaremos un poco más a fondo sobre el asunto de los saltos y las caídas).

AMIGO DE PICAR ENTRE HORAS

El esqueleto y los músculos no son los únicos recuerdos anatómicos del carácter cazador de nuestro gato. También su aparato digestivo está concebido para una dieta a la medida, es decir, carnívora. De hecho, apenas tiene molares, dado que no resultan necesarios para este tipo de comida.

Aunque a veces parezcan desencajarse la mandíbula cuando bostezan, la boca en sí no es especialmente grande. La lengua posee millares de papilas córneas uncinadas (para entendernos: como espinas puntiagudas) que les permiten captar mejor tanto la carne de sus presas como la comida industrial y, una vez hecha la digestión, limpiarse y acicalarse el pelo a conciencia.

Al contrario que el humano, el esófago del gato es muy corto, y esto le permite dilatarse o contraerse para adaptarse a la cantidad de alimento ingerido. Por él pasa la comida prácticamente sin masticar, ya que al contrario que nosotros, el gato engulle los bocados casi enteros, y el proceso digestivo comienza en el estómago, en lugar de la boca, con la entrada en juego de los jugos gástricos. Además, este sistema digestivo está concebido para ingestas frecuentes y ligeras, por eso solemos tenerlos de visita habitualmente por la cocina para «picar un poco».

Hay un aspecto importante que los gatos de ciudad tienen más complicado: a los gatos que viven en el campo les encanta comer hierba para purgarse y provocar el vómito, algo que, entre otras cosas, les ayuda a eliminar bolas de pelo. Por eso a veces nuestros gatos urbanitas buscan la manera de mordisquear las plantas por más que las dejemos fuera de su alcance. La alternativa es la denominada hierba gatera, que puede plantarse en cualquier maceta y que tiene un sorprendente efecto euforizante en estos animales.

Sin que parezca que esto va a convertirse en un manual de Ciencias Naturales, no debemos pasar por alto el sistema urinario de nuestro gato. Como en cualquier mamífero, sus riñones son los encargados de filtrar la sangre y eliminar las sustancias tóxicas de su organismo a través de la orina. ¿Por qué es importante tenerlo en cuenta? Porque nuestros felinos son animales propensos a tener problemas urinarios, así que los especialistas recomiendan estar atentos a su comportamiento, por ejemplo, observando si realizan demasiadas visitas al arenero. Al margen de esas posibles complicaciones, la orina tiene una importancia especial para los gatos, dado que aprovechan los elementos químicos presentes en esta como medio de comunicación a través del olfato.

DESPEJEN LA PISTA AL EQUILIBRISTA

Aunque hay pocas cosas prescindibles en cualquier cuerpo, pocas tienen tanta importancia para un gato como el aparato vestibular. Es un órgano, pequeño pero esencial, situado en la parte mas interna del oído, que tiene la ardua responsabilidad de regular el sentido del equilibrio, ese que permite a nuestro gato convertirse en un auténtico acróbata.

El oído interno trabaja conjuntamente con el cerebro para ayudar a mantener ese equilibrio, y en el caso del aparato vestibular, ofrece al segundo la información precisa para regular la posición de los ojos, el tronco y las extremidades en función de la posición de la cabeza o, dicho de otro modo, coordinar todo el cuerpo con el centro de gravedad. Este órgano es extremadamente sensible, y registra cualquier mínimo cambio en la dirección de la cabeza, ante lo que avisa al cerebro, que activa de inmediato todo el cuerpo.

Pero el equilibrio del gato no depende solo de él. Su cola desempeña también un papel crucial, funcionando en esencia como la cola de un funámbulo: compensa el peso y mantiene el equilibrio. Sin ella, por ejemplo, al gato le sería imposible sostenerse sobre dos patas como hace en ocasiones. Otras veces la cola también ejerce a modo de timón, por ejemplo, cuando es necesario un rápido cambio de dirección en mitad de una persecución.

Pero lo más sorprendente es el minucioso trabajo en equipo que realizan el aparato vestibular y la cola para permitir que el gato protagonice caídas perfectas, tan altas como imprevistas, con elegancia y sin el menor rasguño. Al advertir la posición boca arriba, el aparato vestibular avisa rápidamente al cerebro, quien activa los músculos para corregir la posición al tiempo que la cola contrarresta la rotación del cuerpo para evitar que acabe girando sobre sí mismo. Esos músculos como muelles, que antes mencionamos, hacen el resto amortiguando el impacto una vez que las patas tocan el suelo.

¿POR QUÉ DICEN QUE LOS GATOS TIENEN SIETE VIDAS?

Este es uno de los mitos más divulgados sobre los gatos, a través de títulos de canciones, series de televisión, nombres de tiendas, marcas de ropa... Por supuesto, existen todo tipo de explicaciones paranormales para explicar esa supuesta cualidad. En algunos países, incluso, llegan a adjudicarles nueve vidas, como es el caso de la cultura anglosajona.

¿La explicación? Pues tantas como queramos. Por ejemplo, si volvemos a la recurrente civilización egipcia, encontramos un buen argumento en el hecho de que creyeran en la reencarnación, y que los gatos, como los humanos, no perdían el alma al morir, sino que esta pasaba a otro cuerpo, con lo que volvían a vivir. Al completar el cupo de sus siete vidas, el gato ya no volvía a revivir como tal, sino reencarnado en un ser humano.

Pero atendiendo a teorías más terrenales, encontramos una explicación bastante convincente en los supersentidos de los gatos, esos que les permiten saltar, correr, girar, caer, oír, ver u oler de manera sorprendente, muy por encima de otros muchos animales. Así, son capaces de sobrevivir a situaciones que serían letales para otros. Por ejemplo, diversos estudios aseguran que los gatos son capaces de caer de pie en todos y cada uno de sus saltos o caídas, y hay datos de felinos que llegaron a sobrevivir a caídas de hasta una planta treinta.

Así que digamos que los gatos no mueren y reviven hasta siete veces, pero técnicamente sí que son capaces de esquivar a la propia muerte en un puñado de ocasiones.

Y no es baladí que sepan caer teniendo en cuenta lo que les gusta trepar cuanto más alto mejor. Lo hacen con gran facilidad, combinando el firme agarre que les permiten sus afiladas uñas con su fuerte musculatura: mientras que las extremidades anteriores se adhieren, las posteriores aportan el impulso. Eso sí, bajar es otra historia, tan complicada que, por lo general, sencillamente prefieren saltar.

Pero ya que hemos hablado de las uñas felinas, observémoslas de cerca. Su característica más reconocible es que son retráctiles, el gato puede sacarlas o esconderlas a su antojo, manteniéndolas de este modo bien afiladas y protegidas cuando no las necesita. Cuando sea necesario defenderse o trepar a un árbol, como un personaje de cómic, las uñas de nuestro gato brillarán rápidamente al sol (o a la luna). Además, ayudándose de sus zarpas también puede dejar mensajes para otros gatos a través de arañazos en puertas, paredes u objetos, como señales secretas entre los miembros de una banda.

Por otro lado, un simple vistazo a sus seductores ojos nos basta para concluir que la vista felina está especialmente desarrollada para la caza. En este sentido, pueden enfocar a larga distancia, pero de cerca, sin embargo, no resultan tan afinados. Ahí es donde entran en juego los bigotes de nuestro amigo, otra de sus características más genuinas. Los bigotes son un conjunto de pelos táctiles que captan estímulos y envían la información al cerebro del animal. De este modo, como un potente ordenador, se crea una imagen tridimensional del entorno más próximo al gato. Pero vamos a ver con más detalle ese par de ojos brillantes en el siguiente capítulo.

LOS SENTIDOS

Basta echar un vistazo a nuestro alrededor para comprobar que la Naturaleza es una ingeniera fascinante, pero en el caso de los gatos podemos decir que se esmeró para equiparlos con auténtica tecnología punta, con un cuerpo capaz de acentuar hasta el extremo cada uno de los cinco sentidos.

Suele afirmarse que la caza, las relaciones sociales y el marcaje son, además de dormir, los puntales básicos del comportamiento felino, y sus sentidos están desarrollados con precisión para la realización de dichas actividades. Incluso cuando parece que tienen algún sentido menos desarrollado que otros, como el olfato frente a la vista, nos damos cuenta sin embargo de que este juega un papel fundamental en la cognición y comunicación del animal, por ejemplo, para encontrar a su madre nada más nacer, cuando la vista aún no le funciona.

LA VISTA

Ya que hablamos de la vista, diremos que los gatos se desenvuelven con facilidad en la oscuridad (no total) gracias a una capa de células detrás de la retina que ayuda al ojo a duplicar la poca luz que haya, por ejemplo, la de la luna. De ahí ese brillo tan peculiar de los ojos del gato cuando son deslumbrados por el *flash* de una cámara o los faros de un coche. Al ser tan sensibles a la luz, sus pupilas se dilatan mucho en la oscuridad y se contraen hasta casi desaparecer cuando hay una claridad muy intensa. Es por esto por lo que el gato suele disfrutar cazando de noche, para lo que también es de gran ayuda el hecho de que no tenga que parpadear con regularidad para mantener lubricados los ojos. Por otro lado, no es cierto que no distingan colores: tal vez no tantos como el ser humano, pero sí los suficientes.

EL TACTO

En este apartado el gran protagonista —aunque no el único— es el bigote del gato, que supone su órgano sensorial por excelencia: le aporta información sobre la presión, la dirección, la velocidad... Estos bigotes, cuyo nombre correcto es vibrisas, tienen mayor grosor que el resto del pelaje, y cuentan con terminaciones nerviosas y una densa red de vasos sanguíneos. Las vibrisas son tan sensibles que ante una situación de escasa visibilidad —incluso para un gato— le permitiría al animal percibir una presencia amenazadora. Además, resultan sensores muy útiles para estimar la temperatura antes de probar la comida o tocar un objeto.

Tanto los bigotes como el pelo que cubre la piel del gato están conectados a su sistema nervioso y captan la más leve vibración, de ahí que se relajen y alivien su tensión muscular cuando los acariciamos. Por eso es otro mito que no les guste el contacto físico o que prefieran la soledad. Digamos que los gatos, simplemente, son muy selectivos sobre quién puede acariciarlos o cuándo. Además, también a ellos les encanta tocar, especialmente con la cabeza, porque, como veremos, es otra de las maneras que tienen de marcar, algo fundamental para ellos.

Y no nos olvidemos de las almohadillas de sus dedos. Estas no solo les sirven para amortiguar sus saltos y andar con mucho sigilo, también detectan la temperatura de las superficies.

EL OÍDO

Volvemos a encontrarnos con otro supersentido felino al servicio de estos pequeños cazadores. Los gatos tienen tan agudizado el oído que pueden localizar a sus presas sin ni siquiera verlas. Tanto es así, que se dice que un gato ciego podría cazar gracias a su fino oído.

Su oído cuenta con veintisiete músculos que trabajan en equipo para que pueden llegar a captar sonidos dos octavas más altas que el oído humano, registro que también es algo superior al que detectan los perros. Esta capacidad para captar ultrasonidos es de suma utilidad si tenemos en cuenta los agudos chillidos de su presa favorita: los roedores. Lamentablemente el oído es el sentido más vulnerable, que va perdiéndose a medida que el gato envejece.

Por otro lado, a diferencia de nuestras orejas fijas, los gatos pueden mover las suyas, incluso de manera independiente, hasta ciento ochenta grados, como antenas parabólicas, para poder escuchar un sonido y localizar su origen. Además, también juegan un importante papel en el lenguaje corporal de los felinos.

LOS PELIGROS DE UN OLFATO FINO

La capacidad olfativa del gato es extraordinaria. Además de la ventaja que esto le aporta a la hora de moverse e identificar posibles peligros, su olfato le depara momentos de sumo placer cuando se encuentra ante ciertos aromas que, por lo general, son del gusto de todos los gatos. Pero, de igual modo, también comparten repulsión por otros olores, normalmente relacionados con ese carácter exigente con la limpieza y la pulcritud.

Sin querer ser exhaustivos, vamos a quedarnos con cinco olores de los que tu gato seguramente huirá y otros cinco con los que no se apartará de tu lado.

LOS OLORES QUE EVITAN
CAJAS DE ARENA SUCIA
Vamos a empezar por lo más evidente, y lo haremos pensando en nosotros: ¿nos gustaría entrar en un

baño que oliese a baño sucio? A nuestro gato tampoco, por eso es tan importante mantener su arena limpia y cambiarla con asiduidad, en cuanto comprobemos que ya no resulta «agradable» visitarla. Si no mantenemos su arenero en un estado aceptable, es posible que nuestro gato decida convertir en su baño personal algún otro rincón de la casa. Y con razón.

PINO Y OTROS «AROMAS» ARTIFICIALES

Muchas arenas para gatos están aromatizadas y existen arenas naturales hechas con pino, pero ojo, al igual que hay ambientadores de hogar con un olor extremadamente fuerte y artificial, también una arena con olor de mala calidad puede hacer que nuestro gato termine rechazándola. Lo mejor para evitarlo es emplear arenas con olores neutros.

COMIDA EN MAL ESTADO

Seguimos con las similitudes con los humanos. En especial cuando hablamos de pescado, el olor de la comida en mal estado les produce verdadera repulsión. A veces, incluso, aunque la comida no esté mala, si no huele «fresca», nuestros amigos se negarán en rotundo a hincarle el diente. Por si acaso...

CÍTRICOS

¿Pensáis que el olor de limones, limas o naranjas resulta agradable? Pues antes de exponer a vuestro gato a cualquiera de ellos, echad un vistazo a algunos repelentes felinos, que incorporan algunas de esas esencias; por algo será. De hecho, hay quien deja algunas cáscaras de estas frutas alrededor de las flores del jardín para evitar que el gato las visite.

PLÁTANO

Otro recurso casero para evitar que nuestro gato se acerque a determinado mueble de la casa es dejar una cáscara de plátano sobre él durante un tiempo. Bastará que la ronde un par de veces y compruebe el olor que domina la zona para que busque otro rincón. Por lo general, hay que reconocer que los gatos son poco amigos de la fruta (con algunas excepciones como la fresa, el melocotón o la sandía).

LOS OLORES QUE ADORAN

HIERBA GATUNA

También conocida como *catnip* (*nepeta cataria*), esta planta es la gran perdición de los gatos, tal vez porque los muy pillos son conscientes del efecto narcótico que les produce. El principio activo nepetalactona estimula la mente de nuestros animales y los incita a jugar. De ahí que cuando veamos a un gato oler *catnip*, tardará poco en ponerse a lamerla y comerla, saltando a su alrededor. Por todo ello, no solo es uno de los olores preferidos por los gatos, sino también una de las plantas más beneficiosas para ellos.

MADRESELVA

Es una de las conocidas como flores de Bach, que

tienen un efecto tranquilizador en los gatos. El olor de esta planta resulta muy relajante para estos animales, hasta el punto de que algunos especialistas la recomiendan como terapia para tratar la ansiedad o el insomnio. Pero cuidado, porque sus bayas son tóxicas si las ingiere, por eso lo más recomendable es emplear un aceite esencial para aromatizar el hogar y guardar el tarro bien lejos de su alcance.

OLIVO

Algo tienen los gatos que buena parte de los olores que más les gustan tienen efectos narcóticos sobre ellos. Es lo que ocurre con el olivo, cuyo tronco y hojas tienen una sustancia denominada oleuropeina. En esencia despierta en nuestros felinos una reacción muy similar a la del *catnip*; con el olivo, también saltan de alegría... nerviosos, como si estuvieran en celo. No es seguro que les relaje, pero sí que les estimula.

TOMILLO

En este caso no es solo una cuestión de hacer feliz a nuestro gato con un olor agradable, sino que se trata también de una de las plantas más beneficiosas para él. En este caso sí que están comprobadas sus propiedades relajantes e incluso antiinflamatorias, y también se emplea para aliviar los síntomas de la conjuntivitis, por ejemplo. Si nuestro gato es más inquieto de la cuenta, aromatizar la casa con aceite esencial de tomillo puede ayudar a que se relaje. Pero hay que observarlo, porque no todos los gatos reaccionan a su influencia.

HIERBABUENA, MENTA Y ALBAHACA

Hablamos aquí de tres «primas» de la hierba gatera, pertenecientes todas a la familia de las lu-
miáceas. Si nos gusta emplear estas especias en la
cocina es posible que nuestro gato guste de acom-
pañarnos mientras elaboramos nuestras recetas.
Y como en el caso del *catnip*, también producen
excitación y estimulación mental. Así que más vale
dejar tapada la olla, no sea que se le ocurra alguna
idea poco recomendable...

EL OLFATO

Aunque el olfato de los gatos no está tan desarrollado como el de los perros, sí es muy superior al de los
humanos, y especialmente efectivo en las distancias
cortas. Además, lo aprovecha muy bien, esta vez no
al servicio de la caza, sino para enviar información
a otros animales.

Cuando un gato explora el entorno o estudia algún objeto, antes de mirarlo o rozarlo, su priori-
dad es olerlo. Como ocurre con otros mamíferos, la
transmisión del mensaje olfativo se lleva a cabo en
los gatos a través de un gesto conocido como «reflejo
de Flehmen», que consiste en levantar la cabeza con
la boca entreabierta después de oler. ¿A qué se debe
esto? Al llamado órgano de Jacobson, situado detrás
de los dientes incisivos superiores. Al inhalar, ese
órgano analiza el olor en un proceso similar a estar
degustándolo. Literalmente, se «tragan» los olores.
No lo hacen con todos los olores, sino cuando detec-

tan algunos muy concretos, como el de una hembra en celo.

Esta precisión hace que los gatos sean muy sensibles a los malos olores, por lo que es muy importante mantener limpio su arenero o cuidar de que su comida no lleve mucho tiempo en el cuenco, porque podría pensar por el olor «a viejo» que está en mal estado. ¿Qué hacer cuando un gato no quiere una ración de comida porque interpreta que ya no huele como debería? Calentarla un poco, algo superior a la temperatura ambiente, y eso hará que el olor le resulte más deseable.

En cuanto a su vida social, el olfato les permite detectar las feromonas de otros gatos, y saber así si están invadiendo un territorio en el que conviene moverse alerta.

EL GUSTO

Como podemos comprobar, nuestro amigo nos gana de lejos con sus supersentidos, o al menos con cuatro de ellos, porque en el caso del gusto... Ilustrémoslo con un dato: frente a las 9.000 papilas gustativas que tenemos los humanos, los gatos solo tienen quinientos; en la punta de la lengua, la parte trasera y a los lados, mientras el resto está cubierto por nuestras viejas conocidas: esas papilas puntiagudas que le sirven para limpiarse a conciencia.

Según parece, a los gatos no les gustan nada los sabores ácidos, los amargos les dan un poco igual y adoran los salados. Los dulces, sin embargo, no los perciben. La razón parece encontrarse en una mutación genética que inutiliza los detectores de este sabor en las papilas gustativas y que podría deberse al hecho de ser carnívoros y no necesitar en su dieta alimentos más dulces como frutas y féculas.

Por estas razones, los gatos prefieren fiarse de su sentido del olfato a la hora de comprobar si la comida que le ofrecemos será o no de su gusto, y decidirse así a hincarle el diente.

¿UN SEXTO SENTIDO?

Existe una corriente científica que mantiene que los gatos disponen de un sentido de la orientación extraordinario, que vendría a ser su sexto sentido. Este consistiría en una especie de GPS natural que les permitiría callejear a su antojo sin tener luego el menor problema para encontrar el camino de regreso a casa. Pero este sentido no ha llegado a ser confirmado, por lo que, hasta que sea así, lo mejor es no perderle la pista a nuestro gato para evitar disgustos innecesarios.

ALGO MÁS QUE UN SEXTO SENTIDO: LAS PREDICCIONES FELINAS

Ya sabemos que el gato ha estado desde siempre relacionado con mitos y leyendas tanto buenas como nefastas, sobre supuestos poderes sobrenaturales e incluso divinos. En las ideas más asentadas hoy día se encuentra la que atribuye a los gatos la capacidad de predecir situaciones especialmente delicadas. En este caso no se trata de magia negra sino de una sensibilidad especial de los felinos para advertir que algo está a punto de suceder. En concreto, hay ciertas cosas que parecen no escapar a su radar, la mayoría no demasiado agradables.

DESASTRES NATURALES

Un volcán, un tsunami, un huracán... Son muchos los testimonios que evidencian que los gatos en zonas que estaban a punto de sufrir alguno de estos fenómenos naturales cambiaron su conducta mostrando miedo y peligro. La explicación no hay que buscarla en cuestiones paranormales, sino en esa particular sensibilidad de los gatos para percibir cambios de temperatura, de presión atmosférica, de dirección del viento e incluso sutiles temblores de tierra; justamente las señales, imperceptibles para el ser humano, que suelen anunciar la llegada de uno de estos desastres.

TERREMOTOS

En este caso, la explicación es la misma, pero es aún más apreciable. Tal vez porque antes de un gran movimiento sísmico la tierra experimenta otros, mucho menores, pero perceptibles para ciertos animales. En el caso del gato la afinación se acentúa gracias a la extrema sensibilidad de las almohadillas de sus patas. Se ha observado que minutos antes de producirse algún terremoto de gran magnitud los gatos

de la zona reflejaban una gran ansiedad, tenían conductas agresivas nada habituales en ellos, en un esfuerzo desesperado por provocar la reacción de sus
dueños.

ENFERMEDADES

Aunque suene increíble, existen bastantes testimonios de personas a las que se les diagnosticó un
cáncer determinado y entonces comprendieron por
qué su gato no dejaba de acurrucarse con insisten-
cia en esa parte precisa de su cuerpo. En ese sentido, en un sentido mucho más literal que «oler el
miedo», los gatos pueden «oler las enfermedades».
Algo similar que con el cáncer pasa con la diabetes
y la epilepsia, cuyos dramáticos ataques (por una
subida de azúcar o un ataque epiléptico) pueden
llegar a ser intuidos por los gatos al percibir a través del olfato finísimos cambios en el organismo de
la persona enferma. En esos casos evidencian un
comportamiento nervioso que ha llegado a alertar
a algunos pacientes, permitiéndoles pedir ayuda,
poco antes de sufrir el ataque.

MUERTE

Aunque suene algo lúgubre, se dice que los gatos
también pueden oler la muerte. Pero no se trata de
nada macabro, sino de pura química y unos sentidos
extraordinarios. Los cambios físicos que experimenta el organismo de los seres vivos poco antes de falle-
cer hacen que el cuerpo segregue ciertas sustancias
que son detectables por el gato gracias a su olfato.
Es en esos momentos cuando el pobre animal insiste

en no separarse en ningún momento de la persona querida de la que intuye que está próximo su final.

VISITAS

Cuando algún miembro de la familia vuelve a casa tras un día de estudio o trabajo, el perro suele volverse loco y acude a recibirlo con ladridos y piruetas. Ya sabemos que los gatos no son tan festivos, además, en su caso, salta de su cesto antes de que la llave haya entrado en la puerta. Así, se dice que los gatos son capaces de predecir una visita, y es que, una vez más, «la huelen». Gracias a su prodigioso olfato son capaces de captar aromas conocidos a grandes distancias, y dicen que también pueden identificar los pasos o el sonido concreto de unas llaves; todo lo cual le permite reconocer a ese miembro de la familia que se aproxima a casa.

ESTADOS DE ÁNIMO

Capaz de detectar desde un tsunami a una grave enfermedad, nuestro animal favorito no podía fallarnos: en este caso no es capaz de predecir cuándo vamos a ponernos tristes pero sí que sabe muy bien cuándo no estamos contentos o cuándo andamos preocupados, inquietos, deprimidos... En ese caso es probable que deje de jugar y de saltar y venga a acurrucarse en nuestro regazo, sin reparar en caricias, mimos y ronroneos. ¡Cómo no vamos a quererlos!

LAS RAZAS

Aunque lo más habitual en nuestros hogares es el gato común o mestizo, es importante tener una ligera idea del medio centenar aproximado de razas de gatos —por el momento—, que pasean orgullosas su estampa por todo el mundo. No entraremos aquí a describirlas todas, pero sí a observar algunos rasgos comunes que ayudan a distinguirlas en grupo. Para eso, antes de nada, tenemos que echar mano del cepillo y abordar un asunto crucial.

LA CUESTIÓN DEFINITIVA: EL PELO

Al hablar de la anatomía de nuestro gato decidimos dejar para este punto la referencia a su órgano de mayor tamaño: la piel, que desempeña una función básica al proteger al animal de infecciones y de la pérdida de calor y de agua. Al casi no disponer de glándulas sudoríparas (las que se encargan de regular la temperatura de nuestro cuerpo), el gato, al igual que el perro, necesita otra forma de regular su temperatura corporal, y aquí vuelve a entrar en juego su peculiar lengua. Al lamer su cuerpo, las papilas picudas que ya comentamos reparten grandes cantidades de saliva que no solo limpian pelo y piel, sino que además refrescan esta última al evaporarse, disminuyendo así la temperatura de su cuerpo.

La piel tiene también una gran responsabilidad en la vida social del gato como uno de sus principales medios de comunicación. Ya sabemos que le encanta frotarse contra muebles y piernas, y si nos fijamos bien, veremos que rara vez lo hace con una de sus patas, sino con la barbilla o las sienes, y es que es en esos lugares, además del tronco de la cola, donde el gato tiene las feromonas con las que deja su olor. De este modo, al frotarse, marca su territorio —nosotros incluidos— y deja mensajes para otros felinos.

EL PELAJE DEL CAZADOR

Pero vamos a admitirlo, en aras del aspecto —del gato o de nuestra casa y nuestra ropa—, lo que en este punto de verdad nos interesa de nuestro compañero peludo es precisamente eso: el pelo. Porque como ya sabemos, la piel del gato está recubierta de pelo (aunque hay excepciones como veremos), y este no solo implica cuestiones estéticas, dado que también es el encargado de mantener el calor corporal y de proteger la piel de posibles heridas y arañazos. Además, nos sirve a nosotros para saber cuándo un gato no está del todo cómodo con nuestra presencia, porque ante una posible amenaza, su pelo se eriza. ¿Para qué le sirve eso? Sencillamente para aumentar visualmente su tamaño, buscando así intimidar a ese posible atacante.

Por otro lado, aunque en el caso de nuestro gato casero el color del pelaje sea una cuestión meramente estética, a los gatos no domesticados es algo que puede salvarles la vida. En ese sentido, los gatos de pelaje atigrado son los que más posibilidades tienen de sobrevivir en un medio salvaje, dado que ese aspecto les proporciona un camuflaje fundamental ante sus depredadores, al tiempo que les otorga cierta ventaja sobre sus presas. De ahí que el patrón original del pelaje gatuno sea el atigrado. Por su parte, aunque el pelaje oscuro ofrece ventajas al cazador nocturno, también supone un riesgo para los gatos callejeros que se atrevan a cruzar calles o carreteras por la noche.

TRES CAPAS DE PELO

Pero atención, porque los gatos no solo tienen un tipo de pelo sino tres: el subpelo o secundario, con aspecto de pelusa, fino y suave, y que es el principal aislante; el intermedio, algo más áspero y resistente, y el guardapelo o primario, más largo y recio, que protege a los dos anteriores. Este sería, por así decirlo, el equipamiento básico, porque según la raza de gato pueden carecer de alguna de esas capas, o bien tenerlas en distintas longitudes y proporciones. El *cornish rex*, por ejemplo, no tiene guardapelo; el esfinge carece por completo de pelo (o casi, porque si observamos bien sí que veremos una pelusilla: el subpelo); mientras que al persa no le falta, ya que tiene los tres tipos en abundancia, subpelo incluido, lo que implica que sea un gato con tendencia a sufrir enredones.

Hay que tener estas cuestiones en cuenta a la hora de adoptar un gato. No es igual acariciar a un gato de pelo largo que a uno de pelo corto, igual que tampoco resultan iguales a la vista, transmitiendo sensaciones diferentes: uno más casero, tranquilo, «acariciable», otro más cazador, atlético, juguetón...

Tampoco hay que pasar por alto los problemas de limpieza. No cabe duda de que todos los gatos van a dejar pelos (consecuencia de renovarlos), pero no tiraremos igual del cepillo de la ropa con unas razas que con otras. En ese sentido, los gatos de pelo largo requieren más paciencia y atención. Lo que nos lleva a la cuestión económica: más cantidad y longitud de pelo va a requerir más cuidados, y no solo para luchar contra los enredones. En el caso de los gatos de pelo largo son más habituales los problemas de bolas de pelo en el tracto digestivo, que en ocasiones puede obligarnos a visitar al veterinario.

Y cuidado, que al igual que en los humanos, hay pieles que se resienten más fácilmente ante el contacto con el sol o el viento, el tipo de pelaje también implica que debemos tener cuidado con el movimiento de nuestro gato fuera de casa. Aquellas razas con poco subpelo no llevan bien la exposición al sol ni al frío. Mientras que aquellos con pelo largo y recio soportan bien el exterior, los gatos de pelo sedoso, como los persas, exigen una necesaria protección.

¿CON O SIN PEDIGRÍ?

La cuestión de las razas de gatos nunca ha estado exenta de polémicas. Como señalamos anteriormente, apenas había unas pocas antes de que a comienzos del siglo xx causase furor la idea de competir por el gato más perfecto y elegante. Esto lleva a muchas personas no solo a criar su gato de la manera más exquisita, sino a intentar modificar y perfeccionar la raza con cruces científicamente estudiados, algo que no es del agrado de otros muchos amantes de los felinos. En ese caso, si no nos proponemos competir, ¿por qué elegir un gato de raza?

Una de las principales razones no es solo estética, sino con vistas a la futura convivencia, dado que cada raza tiene unos rasgos de comportamiento —*grosso modo*, porque esto no es una ciencia exacta— que suelen cumplirse, por lo que es posible intuir cómo se comportará nuestro gatito cuando sea mayor. ¿Cuál será su tamaño, su color, su actividad, su cuerpo? El tipo de raza que escojamos nos dará pistas para despejar esas incógnitas. Tomemos dos de las más populares: el persa y el siamés. Mientras que sabemos que el primero suele ser más tranquilo y silencioso, si apostamos por un gato de la segunda raza es más que probable que tengamos por casa a un acompañante bastante activo y maullador.

El precio, las peculiaridades del carácter, la complejidad y el coste de los cuidados... son diversas las razones que llevan a la mayoría de las personas a decantarse por un gato común y no uno de raza para su convivencia. Por otro lado, además, algunos de ellos presentan problemas de salud comunes por lo general a la raza. Son por ejemplo conocidos los problemas respiratorios o el lagrimeo de los gatos de raza persa, justamente debidos a esa nariz chata que los caracteriza y los hace tan apreciados.

LAS DIEZ RAZAS DE GATOS MÁS POPULARES

A la hora de elegir un animal con el que compartir nuestra vida debemos pensar ante todo en el cariño y las experiencias que vamos a intercambiar. Pero es indudable que existen algunas razas que, por su aspecto, carácter o aptitudes, han terminado convirtiéndose en las favoritas de media humanidad (siempre por detrás del gato casero común, que sigue siendo el rey de las casas).

EL PERSA

Es la elegancia personificada, pero lo suyo no es solo estética: también es una de las razas más cariñosas y amables, y se dice que, además, con un carácter muy noble. No obstante, hay que ser conscientes de que la peculiaridad de su atractivo pelaje exige cepillados diarios, entre otros cuidados. Por otra parte, aunque este listado no es ningún *ranking*, es inevitable citarlo en primer lugar, dado que desde que se registró esta raza, en 1871, el persa ha ocupado el primer puesto entre los gatos con pedigrí más populares.

EL *RAGDOLL*

Aunque la traducción literal sea «muñeca de trapo», no quiere decir que estos gatos parezcan un juguete viejo, sino más bien que son adorables y «abrazables». Son gatos cariñosos y dóciles, que no suelen poner pegas a caricias y arrumacos, y por eso los quieren tanto en todo el mundo. Además, los gatos *ragdoll* viven una infancia excepcionalmente larga, y pueden tardar hasta tres años en completar su desarrollo físico y cognitivo para que se les pueda considerar adultos.

EL SIAMÉS

Esta es otra de esas razas de gatos tan adorables y cariñosos —tal vez la que más— que han terminado siendo muy dependientes de los humanos, tanto, que algunos los denominan «gato-perros», dada su docilidad y su lealtad con todos los miembros de la familia. Sus defensores aseguran que su maullido es único y peculiar, y en lo que no hay debate es en su figura esbelta y elegante, de pelo corto, lo que hace que su mantenimiento sea más liviano.

EL RUSO AZUL

Aunque suene a nombre de cóctel «peligroso», estamos ante una raza de gato inconfundible justamente por ese pelaje de color plateado que, según incida la luz en él, puede ofrecer toques azulados. De porte elegante y estilizado, es una de las razas más juguetonas y cariñosas, por lo que suele ser muy apreciada entre los más pequeños de la casa. También es de pelaje corto y no exige cuidados especiales.

EL SOMALÍ

Dicen de esta raza que desprende cierta aura de misterio debido a la apariencia algo salvaje de sus rasgos y su pelaje semilargo. Pero basta tratar con él para observar su capacidad de adaptación al ambiente familiar, además de su gran inteligencia y afabilidad, siendo una de las razas con más predisposición para el entrenamiento. Es muy parecido al viejo gato abisinio, del que procede, y solo se diferencian en el pelaje, más largo en el caso del gato somalí, requiriendo cepillado diario.

EL SIBERIANO

Aunque no está del todo claro, parece que el origen de esta raza, de aspecto salvaje y cautivador, procedente de la zona oriental de Rusia, se encuentra en un cruce entre el gato común europeo y el gato salvaje de los bosques siberianos. Viniendo de aquellos fríos, es lógico que su pelaje sea abundante, además de muy atractivo, lo que exige mucha atención en su cepillado, algo a tener en cuenta, junto a su temprana socialización, si decidimos elegirlo para que viva con nosotros.

EL *BOBTAIL* AMERICANO

Esta raza tiene algunas peculiaridades físicas que le otorgan un aspecto entrañable, como su pequeña cola, unas patas delanteras algo más cortas que las traseras y un cuerpo rectangular. Eso sumado a su carácter sociable y juguetón lo convierten en otro de los gatos preferidos por los niños. Además, es bastante inteligente, por lo que nos encantará pasar las horas con él a nuestro alrededor.

EL MANÉS

También conocidos como gatos *manx*, esta raza procedente de la isla británica de Manx es fácilmente reconocible por la mutación natural en su columna vertebral, que le ha hecho perder la cola (aunque algunos lleguen a mostrar un pequeño muñón). Es de pelaje semilargo y de carácter amable, muy leal a quienes le rodean y cuidan. Digamos que, junto a él, la vida puede resultar muy apacible.

EL MAINE COON

Este sí que es un señor gato, que puede llegar a alcanzar los diez kilos y medir hasta setenta centímetros de largo. Eso sí, lo que tiene de grande, lo tiene de noble y bonachón, muy sociable y, para variar, amigo de jugar con el agua. No podremos resistirnos a acariciar a menudo su sedoso pelaje, pero recordemos que para conservarlo así de adorable nos exigirá un continuo cepillado. Además, son capaces de maullar en varias tonalidades, lo que hace que a veces parezca que están cantando.

EL BIRMANO (O BURMÉS)

Otro de esos simpáticos casos de «gato-perro». Este gato proveniente de Tailandia destaca por su carácter extrovertido y afable, no es extraño verlo correr hacia la puerta para recibir a los miembros de la familia. Muchos de sus dueños aseguran que suelen responder rápido cuando los llaman por su nombre. A pesar de lucir un sedoso pelo largo, su cuidado no nos supondrá demasiado esfuerzo, lo que suma otro punto a favor de esta adorable raza.

ORIENTALES, O NO

A grandes rasgos, los gatos se dividen en dos razas, marcadas por una estructura corporal y nivel de actividad determinados. Por un lado, encontramos los gatos orientales, con cuerpos largos y esbeltos, y muy activos. Entre ellos encontramos a los burmeses, los abisinios y, sobre todo, los gatos siameses. Todos —insistimos, siempre a grandes rasgos— se consideran gatos más inteligentes y con mayor capacidad para ser entrenados.

Por otro lado, están los gatos no orientales, menos atléticos y poco inquietos, que a su vez se subdividen en tres grupos a tenor de la longitud de su pelo. Y así, tendríamos a los de pelo largo (con todas las variedades de persa e himalaya), de pelo semilargo (el angora, el sagrado de Birmania, el *ragdoll* o el somalí, además de los denominados «gatos de bosque», como el siberiano), y los de pelo corto (la inmensa mayoría, con el gato común europeo —que no es el mestizo, ojo— a la cabeza).

¿Y qué hay del gato común, también llamado mestizo o criollo precisamente por la mezcla aleatoria de razas que atesora en su ADN? Algunos de ellos pueden parecerse mucho a los gatos de razas, simplemente por tener algo más de carga genética de sus características. Más interesantes aún resultan los curiosos rasgos físicos que pueden lucir sin que haya existido intención humana en conseguirlo, tales como las manchas negras en gatos blancos, que les hacen recibir la definición de «gatos de esmoquin», o los tricolores (calicó y concha de tortuga o carey).

Con o sin pedigrí, lo importante es que estemos dispuestos a querer, cuidar y hacer feliz al gato con el que decidamos compartir nuestras vidas. Como los seres humanos, cada uno tendrá su personalidad y peculiaridades, y con todas ellas nos sorprenderemos y aprenderemos, y nos ayudarán a apreciar y querer aún más a nuestro amigo.

CPSIA information can be obtained
at www.ICGtesting.com
Printed in the USA
LVHW101446031122
732301LV00001B/11

9 788491 396529